G. H. Mead & a Educação

COLEÇÃO
PENSADORES & EDUCAÇÃO

Cledes Antonio Casagrande

G. H. Mead & a Educação

autêntica

COORDENAÇÃO DA COLEÇÃO PENSADORES & EDUCAÇÃO
Alfredo Veiga-Neto

EDITORA RESPONSÁVEL
Rejane Dias

REVISÃO
Priscila Justina
Lúcia Assumpção

CAPA
Alberto Bittencourt

DIAGRAMAÇÃO
Jairo Alvarenga Fonseca

Dados Internacionais de Catalogação na Publicação (CIP)
(Câmara Brasileira do Livro, SP, Brasil)

Casagrande, Cledes Antonio
G. H. Mead & a Educação / Cledes Antonio Casagrande. -- Belo Horizonte : Autêntica Editora, 2014. -- (Coleção Pensadores & Educação)

Bibliografia.
ISBN 978-85-8217-441-8

1. Educação 2. Educação - Filosofia 3. Mead, George Herbert, 1863-1931 I. Título. II. Série.

14-03803 CDD-370.1

Índices para catálogo sistemático:
1. Mead : Educação : Filosofia 370.1

GRUPO **AUTÊNTICA**

Belo Horizonte
Rua Aimorés, 981, 8º andar . Funcionários
30140-071 . Belo Horizonte . MG
Tel.: (55 31) 3214-5700

Televendas: 0800 283 13 22
www.grupoautentica.com.br

São Paulo
Av. Paulista, 2.073, Conjunto Nacional, Horsa I . 23º andar, Conj. 2.301 . Cerqueira César . 01311-940 . São Paulo . SP
Tel.: (55 11) 3034-4468

Sumário

Agradecimentos

Aos meus familiares, pelo apoio e carinho.

À professora Dra. Nadja Hermann, pelo incentivo e acompanhamento da pesquisa da qual se originou este texto.

À professora Dra. Rosa M. F. Martini, pela revisão do manuscrito.

À Capes, pelo apoio financeiro.

Introdução

Este livro pretende ser uma breve introdução, em língua portuguesa, à obra e ao pensamento de George Herbert Mead. Tem como objetivo apresentar os principais conceitos presentes nos escritos desse pensador pragmatista norte-americano, assinalando a relação e a fecundidade dos mesmos para o campo da educação. Além disso, entendemos que o presente texto supre uma lacuna no mercado editorial brasileiro, visto inexistirem traduções das obras de Mead para nossa língua, estudos mais aprofundados sobre o tema em questão, bem como um texto que relacione o pensamento de G. H. Mead e o campo da teoria da educação.[1] Vale observar que todos os textos estrangeiros, em inglês ou espanhol, presentes neste livro foram traduzidos livremente para o português pelo próprio autor. G. H. Mead destacou-se nos círculos teóricos, especialmente no campo das Ciências Humanas, por sua originalidade na abordagem da constituição social da mente, da consciência e do *self*. Trata-se de um autor

---

[1] Existem disponíveis no Brasil apenas dois livros dedicados ao pensamento de Mead, com enfoques distintos: o primeiro é o do pesquisador brasileiro Odair Sass (2004); o segundo é o do português Filipe Carreira da Silva (2009). Ambos estão citados no decorrer do nosso texto e também no referencial bibliográfico.

pouco conhecido no meio acadêmico brasileiro e só recentemente redescoberto no cenário teórico mundial. Entretanto, esse quase anonimato não denota uma posição secundária às intuições teóricas de Mead e, muito menos, que sua obra não tenha algo de pertinente e relevante. John Dewey, que foi por vários anos seu colega na Universidade de Chicago, reconhece Mead como um pensador original, com capacidade para perceber os problemas sociais que os outros não captavam, desde uma perspectiva inédita e fecunda. Para Dewey, tal originalidade deriva do fato de que Mead "tinha o poder de observar os elementos comuns, os quais são ignorados precisamente por serem comuns" (Dewey, 2002, p. 33).

Jürgen Habermas é um dos pensadores atuais que redescobriu e utilizou-se largamente dos escritos de Mead, reposicionando-o como um autor clássico e fundamental às Ciências Humanas, especialmente no que tange à teoria da comunicação e o interacionismo simbólico. Habermas elogiou, em vários textos, a originalidade de Mead, sobretudo o fato de ele propor a compreensão do processo de individuação por meio da socialização. Nesse sentido, afirma: "Na psicologia social de G. H. Mead, vejo esboçada a única tentativa com perspectiva de êxito para reproduzir no plano conceitual o pleno teor significante da individuação" (Habermas, 2010, p. 213). Além disso, destaca a decisiva contribuição de Mead na passagem do paradigma da consciência ao da comunicação intersubjetiva, visto que ele "foi o primeiro a pensar com rigor este modelo intersubjetivo do Eu produzido a nível social" (p. 232).

George Herbert Mead nasceu em 27 de fevereiro de 1863 na cidade de South Hadley, Massachusetts, Estados Unidos. Era o segundo filho de Hiram Mead e de Elizabeth Storrs, ambos educadores e originários de famílias protestantes liberais. Graduou-se no Oberlin College, de Oberlin, Ohio, em 1883, cidade na qual seu pai era professor, no Oberlin Theological Seminary. De 1887 a 1888, estudou Filosofia e Psicologia na Universidade de Harvard. Na sequência, iniciou o curso de Doutorado em Filosofia na Alemanha, com estudos nas Universidades de Leipzig e de Berlim. Nessas universidades, entrou em contato com as teorias de Wilhelm Wundt e Wilhelm Dilthey. Retornou aos Estados Unidos para assumir a função de professor do Departamento de Filosofia da Universidade de Michigan, sem concluir o doutorado.

Casou-se, em janeiro de 1891, com Helen Castle, irmã de um grande amigo e colega de faculdade, Henry Castle. A partir de 1894, junto com John Dewey, mudou-se para Chicago, onde passou a ocupar a função de professor no Departamento de Filosofia e de Psicologia da Universidade de Chicago. Em Chicago, Mead construiu sua carreira de docente e de respeitado pensador. Nessa universidade, passou a conviver e a compartilhar as perspectivas teóricas pragmáticas de William James, de Charles S. Peirce e de John Dewey, conformando o grupo pioneiro do denominado "pragmatismo americano" da Universidade de Chicago, do qual esses quatro autores são considerados os fundadores.[2]

O pragmatismo da Universidade de Chicago surgiu de uma ampla rede de colaboração e de pesquisa de professores, de estudantes, das "escolas" ou faculdades – de Filosofia, de Psicologia, de Sociologia e de Pedagogia – e de organizações comunitárias de Chicago, no

[2] Sobre a origem e principais características do pragmatismo americano, sua evolução, atuais configurações teóricas e relação com o campo da pesquisa em educação, pode-se consultar o livro *Pragmatism and Educational Research* (BIESTA; BURBULES, 2003).

final do século XIX e início do século XX, nas quais foi possível implementar as principais ideias que norteavam as teorias desses autores. Desse meio cultural, político, filosófico e educacional originaram-se inúmeros livros, artigos científicos e estudos de caso, que tinham como foco, em geral, os problemas concretos vivenciados pela população local, especialmente no referente à educação, à política, à ciência, ao trabalho nas indústrias, às relações de gênero, aos problemas de segurança pública e ao mercado de trabalho.[3]

Mead é considerado um dos grandes autores do pragmatismo americano, tendo produzido, no decorrer de sua carreira, aproximadamente 120 artigos científicos. É importante destacar que até a data do seu falecimento, em 26 de abril de 1931, em Chicago, Mead não havia publicado nenhum livro. A maior parte de sua rica produção foi organizada na década posterior à sua morte, a partir dos artigos publicados, de notas de estenógrafos profissionais e das anotações de aulas feitas pelos seus alunos (Strauss, 1984). Entre as principais obras editadas e artigos compilados hoje disponíveis, destacamos: *Mind, Self, and Society*; *The Philosophy of Education*; *Movements of Thought in the Nineteenth Century*; *The Philosophy of the Present*; *On Social Psychology*; *Play, School, and Society*.

Como já mencionado, a obra teórica de Mead segue as linhas mestras do pragmatismo americano, que na sua acepção original possuía um tríplice pilar de estruturação: a doutrina da evolução biológica, a confiança na ciência com seu método experimental e a tradição democrática. Além disso, encontramos como

---

[3] Nesse sentido, é interessante conferir a introdução ao livro *Play, School, and Society* (MEAD, 2006, p. xix-cxii) de Mary Jo Deegan, especialmente os tópicos sobre o mundo do pragmatismo de Chicago e o envolvimento de Mead com várias inciativas educacionais.

postulados fundamentais a confiança na liberdade criativa, na razão dialógica e na capacidade inventiva e inovadora, bem como um novo modo de conceber a relação entre o conhecimento, a realidade e a ação humana, que divergia das concepções clássicas vigentes. De modo geral "o pragmatismo tem sido caracterizado como uma expressão filosófica da típica mentalidade americana" (Biesta; Burbules, 2003, p. 4), além de ser considerado o primeiro movimento filosófico original de pensadores americanos.

Esses elementos fundamentais do pragmatismo podem ser encontrados como pano de fundo de todos os escritos de Mead. Em linhas gerais, podemos afirmar que ele compreendia a ciência enquanto atividade ou procedimento orientado à resolução dos problemas concretos da vida mediante a aplicação do método científico e a ação criativa da inteligência humana. À psicologia social cabia a reconstrução filogenética e ontogenética do *self* humano, demonstrando que a individuação supõe a socialização. À política, Mead atribuía a função de estabelecer as bases da democracia participativa mediante a formação responsável e contribuinte dos cidadãos na vida da comunidade. Sua fidelidade ao pragmatismo enseja uma caracterização mundana do pensar e do refletir filosófico e, ao mesmo tempo, a confiança de que os problemas do mundo, que está aí, enquanto mundo da experiência social e humana, podem ser resolvidos sob a tutela do saber científico, mediante um direcionamento prático das ações.

Ao analisarmos amplamente a obra de Mead, podemos dizer que dentre os principais temas abordados por ele destaca-se a noção de *self* ou "si mesmo".[4] Para

[4] No presente texto optamos por manter o termo *self* em sua grafia original no inglês. A melhor tradução, em nosso entender, seria "si

Mead, a mente, a consciência e o *self* são constituídos na convivência social e estruturam-se simbolicamente, numa matriz intersubjetiva. Ao recorrer aos escritos disponíveis em sua época, tanto da Psicologia quanto da Filosofia, acerca das estruturas da personalidade, Mead não encontrou, dentre os seus interlocutores, uma hipótese que estivesse focada no comportamento natural dos indivíduos que o satisfizesse.[5] Evidenciou que nenhum teórico contemporâneo a ele, inclusive seus professores, conseguia dar conta do surgimento da mente e do *self* numa perspectiva social e comportamental. Mead constatou:

> [...] Nenhum queria chegar ao limite ao explicar como surgiram as mentes e os *selves* dentro da conduta. Essa crítica se divide em duas partes: 1) todos eles, em algum sentido, pressupuseram mentes ou *selves* anteriormente existentes para colocar em marcha o processo social; 2) incluso

---

mesmo". Os textos que tivemos acesso em língua espanhola utilizam o termo *persona*, como no caso da tradução de *Mind, Self, and Society* (MEAD, 1992), traduzido por *Espíritu, persona y sociedad* (MEAD, 1973). Entretanto, percebemos que os termos correspondentes em português – pessoa, personalidade, eu, caráter e ego – não expressam integralmente o significado original do termo *self*. Odair Sass (2004), um dos poucos autores brasileiros que estudaram com mais profundidade a obra de G. H. Mead, também optou por manter a grafia original do termo em inglês, visto que expressa de modo mais adequado o significado e o contexto no qual ele é utilizado.

[5] Dentre os principais interlocutores de Mead, podemos elencar, conforme Silva (2009, p. 88-89), os seguintes autores: Dewey, com o qual Mead manteve o diálogo mais duradouro e significativo; William James e Wilhelm Wundt, com os quais o foco de discussão estava associado aos temas da Psicologia; e com autores clássicos, como Kant e Hegel. Joas (1997, p. 91-95) acrescenta como principais interlocutores de Mead: John Baldwin, com a teoria social da origem do *self*; Draghiscesco, com a concepção de natureza e de ciência natural; William McDougall, através da teoria dos instintos sociais; Wundt, com a teoria da linguagem; e Josiah Royce, com o conceito de significado.

> com respeito às fases da mente ou do *self*, que tentavam explicar socialmente, eles falharam ao isolar o mecanismo envolvido. [...] O esforço de Mead reside em ter demonstrado que a mente e o *self* são, sem dúvida, emergentes sociais; e que a linguagem, em forma de gesto vocal, proporciona o mecanismo para sua emergência (Morris, 1992, p. xiii-xiv).

Mead apresenta uma hipótese pós-metafísica da origem do *self*. Ele é o primeiro autor a conciliar o processo de individuação ao de socialização. Parte da oposição entre as teorias individualistas e sociais da pessoa humana, posicionando-se em favor de uma concepção social da emergência do *self*, sem desmerecer a dimensão subjetiva. Supera, desse modo, a concepção de indivíduo e de sociedade enquanto entes fechados e mutuamente excludentes. Isso leva Kaminsky (2009, p. 12) a afirmar que nos encontramos diante de um pensador "cuja atualidade se manifesta em um repúdio a todo tipo de essencialismo, defensor de um perspectivismo fundado numa ontologia da pluralidade: si mesmo posto em diálogo, enlace e tensão autoconsciente pela via do outro generalizado". Axel Honneth (2003, p. 125) não mede palavras no elogio à teoria intersubjetiva de caráter pós-metafísico de Mead, pois "em nenhuma outra teoria a ideia de que os sujeitos humanos devem sua identidade à experiência de um reconhecimento intersubjetivo foi desenvolvida de maneira tão consequente sob os pressupostos conceituais naturalistas". Da mesma forma procede Habermas ao reconhecer o mérito de Mead em relação à concepção da individuação por meio da socialização. Nesse sentido, Habermas afirma que, para Mead,

> [...] a individuação não é representada como a autorrealização solitária e livre de um sujeito que age de forma espontânea, mas como processo mediado pela linguagem da socialização e da constituição simultânea de uma história de vida consciente de si própria. A identidade de indivíduos socializados constitui-se, simultaneamente, no *medium* do entendimento linguístico com outros e no *medium* do entendimento intrassubjetivo e biográfico consigo próprio. A individualidade constitui-se, pois, em condições de reconhecimento intersubjetivo e de um autoentendimento mediado a nível intersubjetivo (Habermas, 2010, p. 214-215).

De modo geral, é possível afirmar que são inúmeras as contribuições originais de Mead às Ciências Humanas, dentre as quais podemos destacar: a) A afirmação do caráter histórico da pessoa humana, que se constitui simbolicamente na relação com os outros e na vivência em uma comunidade concreta. Ou seja, o ser humano, autoconsciente de si, somente poderá estruturar-se a partir de sua conduta e da sua pertença a uma comunidade na qual compartilhará um horizonte comum de valores, sonhos e normas; b) a formulação de uma hipótese naturalista do desenvolvimento da personalidade humana sob o prisma da teoria da evolução e da psicologia comportamentalista.[6] Trata-se de um duplo desenvolvimento, biológico

---

[6] Silva (2009, p. 87) entende que "o modelo evolucionista que Mead trabalha provém da teoria darwinista sobre a origem das espécies. [...] Desse diálogo com Darwin, Mead tirou a concepção naturalista que iria acompanhá-lo durante todo o resto de sua carreira". Morris (1992, p. ix), ao abordar a questão da evolução, afirma que "não somente o organismo humano, mas toda a vida mental deveria ser interpretada a partir do desenvolvimento evolutivo, compartilhando sua qualidade de mudança e surgindo da interatividade do organismo e do ambiente".

e social, ao mesmo tempo; c) a centralidade da comunicação e da linguagem no processo de formação do eu. O mecanismo da adoção e da internalização dos papéis sociais e das atitudes dos outros deflagra um processo correlativo interno, a partir do qual a criança desenvolve a autoconsciência, visto que o eu pessoal está inscrito numa matriz intersubjetiva simbólica, sendo atravessado pelas relações sociais;[7] d) a superação da antinomia entre indivíduo e sociedade, pois o indivíduo enquanto personalidade somente é viável num substrato social e a sociedade, por sua vez, somente evolui pela participação cada vez mais qualificada de seus membros. Por isso, a formação qualificada do julgar moral e o exercício democrático da cidadania são centrais à evolução da pessoa humana e da sociedade; e) a concepção de que a identidade humana evolui e progride, não permanecendo sempre idêntica a si mesma.

Em relação ao tema da educação, Mead também se mostra um autor fecundo. Numa rápida análise dos dados bibliográficos disponíveis, podemos encontrar um grande número de referências à educação e aos processos formativos nos seus escritos. Acreditamos que isso se deve, entre outros motivos, ao envolvimento direto de Mead com a educação, especialmente com empreendimentos educativos junto à Universidade de Chicago. Biesta e Tröller (2008, p. 2) destacam o envolvimento prático de Mead com "a Escola Laboratório de Dewey", bem como sua atuação como "presidente da Associação de Pais da Escola" durante vários anos.

---

[7] Dalbosco (2010, p. 214) entende que Mead tornou-se um autor relevante "porque pensou o processo de construção da identidade do eu na forma de um modelo alternativo àquele de uma autoconsciência que só pode compreender-se como identidade objetualizando o mundo à sua volta".

Silva (2010, p. 185) aponta, dentre as atividades ligadas ao mundo da educação concretizadas por Mead, seu envolvimento com a "Escola Hospital, que estava sob a supervisão do Departamento de Neurologia e Filosofia da Universidade de Chicago, desde a sua criação em 1890", com a intenção de promover uma adequada formação complementar aos alunos com dificuldades de aprendizagem.

No tocante aos processos formativos e educacionais, podemos constatar que se constituem temas caros ao nosso autor: o papel da comunicação e a consequente estruturação simbólica do eu; os processos de aprendizagem social enquanto catalisadores da formação da identidade individual e da reprodução de uma forma democrática de sociedade; o progressivo processo de desenvolvimento das estruturas internas, que ocorrem especialmente na etapa da infância e da adolescência.

Levando em conta essas primeiras considerações, estruturamos este texto em três capítulos que se constituem eixos temáticos. No primeiro eixo temático, abordaremos o processo de individuação enquanto processo de socialização e consequente configuração simbólica e comunicativa do *self*. Veremos que Mead aponta o caráter social da vida humana como um dos elementos diferenciais para a existência dos indivíduos e da sociedade. Ao caráter social, agrega a comunicação e a linguagem enquanto elementos fundamentais para a emergência da mente, da razão e da consciência de si mesmo.

No segundo eixo, tematizaremos a gênese e a estrutura do *self*. Para Mead, o *self* possui gênese social e simbólica, estruturando-se mediante a internalização das atitudes e dos papéis sociais aprendidos na interação, os quais configuram uma instância de controle denominada "outro generalizado". O brincar e o jogar são analogias do processo de estruturação do *self*. Além disso, o *self* possui duas estruturas dialéticas, o eu (*I*) e o mim (*me*), que representam, respectivamente, a originalidade e a convenção social presentes na personalidade.

No terceiro eixo temático, apresentaremos os conceitos de educação, de democracia e de sociedade tal qual os compreende Mead. Eles serão tematizados na perspectiva da interação, da formação de significados, da dimensão lúdica, da formação moral e da iniciação científica enquanto possíveis lócus, instâncias ou espaços formativos por excelência.

CAPÍTULO I

A COMUNICAÇÃO E O CARÁTER SOCIAL DA VIDA HUMANA

G. H. Mead escreveu seus textos no contexto de uma psicologia comportamentalista de base social, centrando esforços em demonstrar o modo como se constituem, mutuamente, o indivíduo humano e a sociedade. O recorte metodológico empregado principia pela análise da dimensão social do ser humano, mediante a explanação das condições de emergência do *self*, para, num momento posterior, explicitar a gênese e a estrutura desse *self*, as consequências éticas e democráticas da experiência e da imersão desse indivíduo no contexto social, bem como as contribuições dos diversos sujeitos à construção e reconstrução do tecido social. Ele parte do pressuposto de que a vida organiza-se e desenvolve-se sob um fundamento social. Isso implica levar em conta três intuições fundamentais: o reconhecimento categórico do caráter social da vida humana e da anterioridade da sociedade em relação ao indivíduo; a indissociabilidade entre o sujeito e a sociedade; e a centralidade da comunicação enquanto o elemento responsável pela evolução da sociedade e pela estruturação da consciência, da mente e do *self*, como explicitaremos a seguir.

O reconhecimento do caráter social da vida humana

Mead entende que todos os organismos vivos são sociais por natureza e, ao mesmo tempo, são dependentes da vida social, pois "não há organismo vivo, de qualquer espécie, cuja natureza ou constituição seja tal que possa existir ou manter-se em completo isolamento de todos os demais organismos vivos" (MEAD, 1992, p. 228). O mesmo ocorre com o ser humano, que necessita de uma vida social[8] para nascer, crescer, subsistir e se desenvolver.

> Desenvolveu-se uma teoria de que as sociedades humanas surgiram dos indivíduos, não os indivíduos das sociedades. Dessa maneira, a teoria do contrato social afirma que os indivíduos existem primeiramente como indivíduos inteligentes, como pessoas [*as selves*], e que estes indivíduos reúnem-se e formam sociedade. [...] Contudo, se a posição que eu refiro está correta, se o indivíduo obtém seu *self* somente através da comunicação com outros, somente através da elaboração de processos sociais, mediante a comunicação significante, então o *self* não pode preceder o organismo social. O último deve existir primeiro (MEAD, 1992, p. 233).

Ao caráter social intrínseco da vida, Mead denomina sociabilidade ou socialidade (*sociality*). Esse conceito encerra a tentativa de situar a vida humana e a sua evolução a partir de bases naturais, pois os

---

[8] Para Sánchez de la Yncera (1994, p. 196), Mead utiliza o termo "social" em dois sentidos diferentes: "Em primeiro lugar, o aplica à interrelação entre indivíduos que pertencem ao mesmo sistema. [...] O segundo significado do termo emprega-o Mead para descrever a situação de entidades que pertencem, por sua vez, a mais de um sistema".

humanos são organismos que cooperam, não por insuficiência ou deficiência de sua própria natureza, como assevera a tradição aristotélica, mas porque a condição de existência do ser humano consiste em experiências de interação, de cooperação e de comunicação. Ou seja, a realidade natural é entendida por Mead "como o lugar, como o contexto interior da emergência da sociabilidade humana" (Sánchez De La Yncera, 2008, p. 72) e, ao mesmo tempo, como uma realidade simbólica e, por isso mesmo, social.

A sociabilidade humana está associada aos diversos níveis da realidade natural da vida. Num primeiro nível, o físico, é possível verificar que todos os fenômenos primários da vida encontram-se determinados e relacionados a um sistema de espaço e de tempo. Num segundo nível, o orgânico, Mead argumenta que é possível verificar que a vida de uma célula depende das relações que ela estabelece com o sistema do qual faz parte. No terceiro nível, encontramos a culminância do processo natural, no qual constatamos a emergência da vida humana.

Para fundamentar o caráter originalmente social do ser humano, Mead recorre a uma analogia entre a sociedade humana e outras sociedades animais, como as de insetos e de outros vertebrados. Ele afirma que todas as formas sociais de vida, inclusive as de animais inferiores, são pautadas em relações sociais. A linguagem e a capacidade de comunicação diferenciam os seres humanos dos outros animais. Ou seja, a diferença qualitativa entre as sociedades humanas e as de outros animais encontra-se na capacidade de comunicação simbólica e de participação intencional em projetos comuns. Nas sociedades de insetos, Mead aponta a existência de uma diferenciação fundamentalmente fisiológica, como no caso das abelhas. Cada abelha tem sua função social definida sob o prisma de uma diferenciação de sua fisiologia. Já nas sociedades de vertebrados, que possuem pouca diferenciação fisiológica, Mead argumenta que a característica estruturante consiste no caráter gregário de vida. Não se trata, como no caso de lobos ou de outros animais que vivem em bandos, de uma organização intencional que perpasse o todo da vida do indivíduo. As ações coletivas aparecem em atividades específicas, como a alimentação e a reprodução, mas não representam uma organização social que determine o estilo de vida dos seus membros individualmente.

A evolução social humana e a diferença qualitativa da sociedade humana em relação às outras sociedades animais estão ancoradas no desenvolvimento de um universo discursivo, no modo de comunicação simbólica e na participação cooperativa em atividades comuns. Ou seja, "a sociedade humana depende, para sua forma de organização distintiva, do desenvolvimento da linguagem" (Mead, 1992, p. 235). A linguagem, tomada sob o ponto de vista da comunicação simbólica, constitui-se na base distintiva entre a sociedade humana e as sociedades de outros animais.

> Tenho apontado a diferença entre uma sociedade humana e uma sociedade de invertebrados. O princípio de organização não é o da plasticidade fisiológica, não é o da própria forma sujeita fisiologicamente a sua função particular; é, antes de tudo, o princípio de organização tal como se encontra na forma da participação e intercomunicação humanas. É o que o indivíduo humano põe em forma de símbolos significantes através do uso de gestos (Mead, 1984, p. 34).

A emergência do *self* e a evolução da sociedade humana pautam-se na linguagem, na capacidade de comunicação e na interação simbólica. O mecanismo da comunicação é o princípio e a base estrutural desses processos.

> A evolução produz-se através do desenvolvimento do que tem sido denominado, desde o ponto de vista lógico, como o universo do discurso. Ou seja, se produz mediante a comunicação e a participação dos diferentes indivíduos em atividades comuns. Ocorre mediante o desenvolvimento de símbolos significantes. É realizado, quase integralmente, mediante o desenvolvimento de gestos vocálicos, através da capacidade do indivíduo de indicar, por meio de seus próprios gestos, a outras formas e também a si mesmo, aqueles elementos que são de importância na atividade cooperativa (Mead, 1984, p. 36).

Hans Joas (1997), ao analisar a teoria antropológica de Mead e sua relação com a linguagem e a comunicação, aponta a originalidade de Mead, destacando como central o conceito de *interação simbólica*. Nesse sentido, afirma que o propósito da teoria antropológica de Mead consistia em demonstrar "as condições de possibilidade da autorreflexividade através da característica mais fundamental da sociabilidade humana: na distinção da estrutura básica da sociabilidade humana diante de todas as formas animais sociais" (p. 91). Através do uso da linguagem e de símbolos significantes, o indivíduo internaliza as atitudes do seu grupo social. Adota, em relação a si, a mesma atitude que a comunidade adota em relação a ele. Isso implica um processo de organização complexo, pautado na comunicação e na participação, que abre inúmeras possibilidades de ordenação do todo social. Desse modo, no ser humano, a diferenciação funcional através da linguagem "proporciona um princípio inteiramente diferente de organização, que produz não somente um tipo inteiramente distinto de indivíduo, mas também uma sociedade diferente" (MEAD, 1992, p. 244).

Além da comunicação simbólica, o desenvolvimento do sistema nervoso central consiste numa base fisiológica imprescindível ao ser humano. O sistema nervoso central, que no homem alcança seu mais alto grau de desenvolvimento, é também condição e suporte para a emergência do *self* e da sociedade. Ou seja, "através da organização do sistema nervoso central, as distintas reações da forma podem ser combinadas em toda classe de ordens, espaciais e temporais" (MEAD, 1992, p. 240), abrindo possibilidade para que, mediante a matriz das relações humanas e as diversas interações sociais, se concretize o processo de individuação do ser humano.

A indissociabilidade entre sujeito e sociedade

Nos escritos de Mead, também encontramos o postulado acerca da indissociabilidade entre o indivíduo e a sociedade, o que nivela e correlaciona ontogênese e filogênese. Esta indissociabilidade pressupõe a compreensão de que ambos constituem-se mutuamente. O ser humano será um "ser para si" quando for um "ser para o outro".

> Plenamente instalado no contexto social de sua atividade, o sujeito humano não aparece mais na concepção mediana como indivíduo, senão como *self.* Como um sujeito que encontra a possibilidade

> de reconhecer-se, de referir o sentido de seus atos em direção a si mesmo, num processo contínuo de encontrar-se com outros sujeitos que formam parte, de maneira íntima, de sua própria realidade existencial, e que deve aprender paulatinamente a ampliar o marco de referência de seus atos (Sánchez De La Yncera, 1991, p. 152).

A constituição do *self* e da sociedade pertencem ao mesmo processo e são de igual magnitude. Trata-se de uma simultânea construção-reconstrução pessoal e social sob o prisma de uma fundamental interdependência. Desse modo, a sociedade é condição de emergência do *self*, e este consiste na base ou pressuposto da evolução da sociedade. Ou seja, a história da espécie humana (filogenia) e a história das pessoas individualmente (ontogenia) são processos indissociáveis, pois a filogênese e a ontogênese são dois aspectos distintos do mesmo processo evolutivo. Se, por um lado, a existência da sociedade e, especialmente da comunicação simbólica, consiste na precondição do desenvolvimento da pessoa humana, por outro, são as pessoas que possibilitam a existência de uma sociedade distintivamente humana.

Tomados sob o prisma do processo evolutivo, *self* e sociedade podem ser compreendidos como instâncias complementares. O desenvolvimento do ser individual (ontogenia) é precondição para a evolução da espécie humana (filogenia). Se há um processo evolutivo constante, tanto das pessoas quanto da sociedade, deve existir uma situação anterior menos evoluída. Por isso, Mead (1992, p. 377) pode afirmar que "o homem primitivo tem a mente de uma criança, e por certo de uma criança pequena". A criança representa, na citação anterior, uma situação em que o *self* não está plenamente desenvolvido. Há, portanto, um processo de desenvolvimento e de maturação a ser concretizado, que levará ao surgimento de personalidades e de sociedades mais evoluídas.

A articulação entre a filogênese e a ontogênese ancora-se na hipótese de que o ser humano é um ser social por excelência que convive com outros e interage simbolicamente, criando a si mesmo, a sociedade da qual participa e o mundo de sentido no qual está inserido. A possibilidade da estruturação do *self* e da sociedade pauta-se no papel mediador da linguagem e na prática comunicativa quotidiana, a partir da qual somos capazes de falar, de nos ouvir falar e de responder aos outros e a nós mesmos.

> De fato, Mead reconstrói a evolução da espécie como um aumento gradual e constante da racionalidade humana a partir do uso dos gestos vocais que, no decorrer da evolução, foram adquirindo significados simbólicos. Isso leva, por um lado, à crescente universalidade, abstração e impessoalidade [...]; por outro lado, a uma tendência cada vez mais acentuada para a individualidade, a autenticidade e a originalidade (SILVA, 2009, p. 222-223).

Como afirmado anteriormente, a diferenciação evolutiva da sociedade humana em relação às outras sociedades animais pauta-se no uso comunicativo da linguagem. Tal evolução está conectada ao desenvolvimento da inteligência e a princípios de organização diferenciados, os quais são aplicados na resolução dos problemas concretos da realidade, na capacidade de adaptação à natureza e no controle do entorno ou meio ambiente. Nesse sentido, cumpre destacar que o conceito de adaptação utilizado por Mead possui uma conotação diferente daquele presente nos pensadores europeus. Está alinhado à capacidade do ser humano de inovar e de resolver criativamente os problemas reais do quotidiano, não significando perda de subjetividade ou simples adequação dos organismos às condições naturais.[9]

O princípio da indissociabilidade entre sujeito e sociedade implica, logicamente, no reconhecimento do caráter intersubjetivo da vida humana. Assim, podemos dizer que uma das grandes contribuições de Mead consiste na afirmação de que a subjetividade e a consciência são produtos da intersubjetividade e da interação simbólica.

> Mead afirma que a interação social *precede* e *produz* consciência reflexiva. Isso é de importância crucial para captar o argumento central de Mead em direção a uma redefinição da interação social. Para ele, a interação social não é constituída a partir de autoconsciências individuais, mas pode ser pensada como uma matriz de ação cooperativa ou coordenada – portanto intersubjetividade prática – a partir da qual a consciência reflexiva emerge. O rompimento meadiano da tradição da filosofia da consciência implica, portanto, na rejeição da compreensão da interação social centrada na consciência em favor de uma ação orientada ao entendimento (Biesta, 1998, p. 91).

Entendemos, portanto, que uma das mais importantes implicações da teoria psicossocial de Mead centra-se no reconhecimento de que nós somos inscritos numa matriz (*matrix*) intersubjetiva, numa espécie de rede de relações e de interações a partir

[9] Para uma explanação mais adequada do conceito de adaptação presente na obra de Mead e a diferença do mesmo em relação aos europeus, conferir o estudo de Sánchez de la Yncera (2008, p. 89-90).

da qual emerge a consciência, a identidade individual e um mundo de sentidos, produtos ou efeitos da interação social.

A centralidade da comunicação na evolução humana

Recordemos que, para Mead, a evolução da sociedade e a estruturação da consciência de si mesmo são processos dependentes de ações de comunicação, de cooperação e de participação na vida de um grupo social. Ou seja, o *self* emerge através de um processo social, interativo e simbólico, que pressupõe a internalização das estruturas simbólicas de referência do mundo no qual o indivíduo está inserido.

Ao tratar do tema da comunicação, especialmente a utilização da linguagem verbal, o modelo de abordagem de Mead é o da interação simbólica, mediante o qual ao menos dois organismos reagem um ao outro através de ações e expressões comunicativas. Esse modelo é denominado de "interacionismo simbólico", designação cunhada por Herbert Blumer ao chamar de "interacionistas simbólicos" os autores pragmatistas que compartilhavam uma posição teórica similar em relação ao fenômeno da evolução da vida humana, da conduta dos indivíduos e da evolução da sociedade, compreendendo-os enquanto processos de interação simbólica, nos quais se utilizam "gestos significativos ou símbolos" (Blumer, 2003, p. 22).

O termo "interação simbólica" refere-se primariamente às ações de interação linguística que envolvem palavras, símbolos verbais e significados. Nesse sentido, consoante a Herbert Blumer, podemos dizer que a teoria do "interacionismo simbólico" repousa sobre três premissas básicas:

> A primeira premissa é que os seres humanos agem em relação às coisas com base no significado que essas coisas possuem para eles. Essas coisas incluem tudo o que o ser humano pode notar em seu mundo [...]. A segunda premissa é que o significado de tais coisas deriva ou surge da interação social que cada um estabelece com seus semelhantes. A terceira premissa é que esses significados são manuseados e modificados pelas pessoas através de um processo interpretativo, no trato com as coisas que elas encontrarem (Blumer, 1969, p. 2).

Além disso, Hans Joas (1997), seguindo a terminologia de Herbert Blumer, também se utiliza da mesma adjetivação de "interacionismo simbólico" para referir-se genericamente à obra de G. H. Mead, especialmente para referendar a posição central da comunicação, da linguagem verbal e da interação simbólica na estruturação da personalidade do ser humano.

Para demonstrar a centralidade que Mead atribui à comunicação e à linguagem na emergência e na evolução do indivíduo e da sociedade, discutir-se-á os seguintes aspectos: o gesto enquanto princípio primitivo da comunicação; a comunicação e o papel central da linguagem verbal; os modos e os meios de estruturação da mente, da inteligência humana e da racionalidade sob os pressupostos da comunicação.

O gesto enquanto princípio da comunicação

Mead entende que no gesto reside o princípio originário da comunicação humana. Analisa e diferencia os gestos simples dos gestos significativos, aqueles gestos carregados de significado. Para que um gesto seja significativo e expresse um símbolo inteligível para mais de um indivíduo, é necessário que ele seja internalizado. Desse modo, cada ser humano necessita desenvolver e utilizar o mecanismo de internalização dos gestos e das atitudes dos outros, como veremos a seguir.

Gestos simples e gestos significativos

Analiticamente, podemos afirmar que o ponto de partida do processo da comunicação, que dará sustentação à estruturação da mente e do *self*, encontra-se no gesto. O gesto, princípio natural da comunicação e do ato social, converte-se em símbolo significante mediante a interação dos organismos, dando origem a significados e à possibilidade de entendimento entre dois ou mais indivíduos. Em outros termos, consoante a Habermas (2012b, p. 18), podemos dizer que "os gestos se transformam em símbolos quando os significados que valem somente para um organismo singular são substituídos por significados que valem para todos os participantes".

De acordo com Mead (1992, p. 43), o "gesto pode ser identificado com esses começos de atos sociais, que são estímulos para a reação de outros indivíduos". Ou seja, "o gesto, tal como Mead o compreende, consiste na primeira fase do ato social" (Biesta, 1998, p. 83). Além disso, "a conversação por gestos é o começo da comunicação" (Mead, 1992, p. 141), demarcando o ponto de partida do seu processo de desenvolvimento, que evolui e culmina na possibilidade de um discurso proposicional diferenciado. Nesse sentido,

> Mead vê no conceito de "conversação por gestos" o ponto de partida da evolução que leva primeiro à linguagem dos sinais e depois ao discurso proposicional diferenciado. A linguagem humana

> desenvolve-se, em primeiro lugar, na forma de linguagem de sinais, que marca a transição da interação mediada por gestos à interação mediada por símbolos e, em segundo lugar, como a base para a ação regulada por normas (Silva, 2009, p. 221).

Para destacar a centralidade do gesto como princípio do ato social, Mead recorre aos estudos de Wilhelm Wundt, embora discorde deste, pois percebe e aponta o demasiado acento fisiológico dado ao gesto, em detrimento da dimensão social. Reconhece o esforço de Wundt, especialmente seu pioneirismo para as Ciências Sociais, ao apontar o gesto como o princípio da comunicação, uma vez que "Wundt isolou uma valiosa concepção do gesto que mais tarde se converte num símbolo, porém que se encontra, em suas primeiras etapas, como uma parte de um ato social" (Mead, 1992, p. 42).

Mead entende que existem três formas distintas e progressivas de comunicação, que se complexificam com o passar do tempo: os gestos simples, os gestos significativos, que incluem os gestos vocálicos, e a linguagem verbal ou linguagem proposicionalmente diferenciada. Na sequência, aprofundaremos a compreensão dessas duas primeiras formas, restando uma última, que será abordada posteriormente.

No rol dos *gestos simples*, Mead inclui aquela categoria de ações e reações nas quais não há antecipação do gesto do outro, tampouco reflexibilidade dos atos. Como exemplo, podemos elencar as reações impulsivas do indivíduo humano diante de algo que lhe afeta, como o caso de uma pessoa tocar uma superfície aquecida e imediatamente retirar a mão. Serve também de exemplo uma briga de cães. Nessa situação, não podemos inferir que diante do ataque de um cão A a um cão B, o animal atacado reflita quais as melhores opções que possui para reagir ou as estratégias de fuga: ele simplesmente agirá de modo imediato.

A categoria dos *gestos significativos* inclui aqueles gestos que adquiriram conteúdo simbólico ou um significado. Essa classe de gestos pressupõe reações refletidas, adaptação do indivíduo A ao gesto de B e vice-versa, antecipação estratégica dos atos do outro e adequação da própria ação às condições sociais e ambientais. Para ilustrar o processo implícito aos gestos significativos, Mead recorre ao exemplo dos pugilistas em combate. Cada ação do boxeador A depende da ação e da reação do seu adversário. Ambos necessitam adaptar-se instintivamente à atitude do oponente e, ao mesmo tempo, agir deliberadamente, fintando o adversário, para abrir um ponto de ataque. Nessa ação de luta, o que se percebe é que cada ato converte-se num estímulo para que o outro indivíduo adapte-se e reaja. Essa adaptação, por sua vez, converte-se num estímulo para que o primeiro modifique seu ato e atue de um modo diferente. Por isso, toda reação se converte num estímulo para uma mudança de atitude e uma adoção de um ato diferente.

O gesto em si mesmo não possui relevância e não é linguagem significativa. Para que seja enquadrado no rol de linguagem, o gesto necessita tornar-se significativo. Um indivíduo, ao empregar um gesto, deve ter consciência do que está fazendo e, ao mesmo tempo, deve conhecer o significado do gesto que está emitindo. Do mesmo modo, o indivíduo receptor do gesto, aquele que reage ao primeiro gesto, deverá ser capaz de interpretar esse gesto, atribuindo-lhe ou retirando dele um significado.

A comunicação por gestos significativos consiste num mecanismo eficaz de adaptação social. Isso ocorre porque ela implica na adoção, por parte de cada um dos indivíduos, das atitudes dos outros em relação a ele. É nesse processo social que os gestos adquirem significados e transformam-se em símbolos. Nesse sentido, o símbolo significante é, preponderantemente, um produto social, uma formação de significado gestada no seio das inter-relações dos distintos indivíduos.

> Os gestos se convertem em símbolos significantes quando provocam implicitamente num indivíduo que os faz as mesmas reações que provocam explicitamente, ou que se supõe que devem provocar, em outros indivíduos, os indivíduos aos quais estão dirigidos; e em todas as conversações de gestos, dentro do processo social, sejam elas externas (entre distintos indivíduos) ou internas (entre um indivíduo dado e ele mesmo), a consciência que tem o indivíduo do conteúdo e do fluxo de significados envolvidos depende de que ele adote, desse modo, a atitude do outro em relação a seus próprios gestos (Mead, 1992, p. 47).

O significado do gesto, seu conteúdo simbólico, é o que diferencia um gesto de um ser humano de um gesto de outro animal. A diferença, basicamente de qualidade, reside na dimensão simbólica do gesto humano. Ao gesto humano pode-se atribuir socialmente um significado universal: são significantes e possibilitam a comunicação ou o entendimento entre duas ou mais pessoas.

Mead também estabelece diferença entre os gestos em geral e o gesto vocálico. Entende que nenhum outro gesto, a não ser o gesto vocálico, tem a capacidade de afetar, ao mesmo tempo, tanto o emissor quanto o receptor. Ou seja, no gesto vocal, Mead encontra o elemento que se torna ponte entre um símbolo e o seu respectivo significado, pois, através dele, o indivíduo tem a capacidade de afetar os outros e a si mesmo, similar e simultaneamente.

Ao analisar a emergência do símbolo significante em Mead, Morris afirma:

> Como um exemplo de símbolo significante, Mead emprega a tendência a gritar: "fogo!" [...] Porém, quando a tendência a gritar "fogo" afeta ao indivíduo assim como afeta os outros, sendo controlada em termos de seus efeitos, então o gesto vocal converteu-se em um símbolo significante; o indivíduo tem consciência do que faz; ele chegou à etapa da genuína linguagem no lugar da comunicação inconsciente; pode-se dizer que usa símbolos e não meramente reage diante de signos: agora ele adquiriu uma mente (Morris, 1992, p. xxi).

Num contexto social, o significado de um gesto não se esgota nele mesmo. Como vimos, cada gesto pressupõe uma reação e, consequentemente, uma adaptação do outro indivíduo. Quando um gesto representa uma ideia e provoca essa mesma ideia em outro indivíduo, vemos surgir um símbolo com significado. A partir disso, o gesto converte-se em gesto significante, em linguagem.

> "No caso atual, nós temos um símbolo que responde a um significado na experiência do primeiro indivíduo e que também evoca esse significado no segundo indivíduo. Quando o gesto alcança essa situação, ele converteu-se no que denominamos 'linguagem'. É agora um símbolo significante e representa certo significado" (Mead, 1992, p. 45-46).

Também é importante destacar que Mead descarta a imitação como origem da linguagem porque, numa situação interativa, um gesto A estimula uma reação B, que não é idêntica ao primeiro gesto. Como exemplo, cita o ato de proteção de uma mãe diante do grito ou choro do filho pequeno. O gesto de proteção da mãe, embora motivado pelo gesto do filho, é de uma categoria diferente: aquele pode ser de temor e este de proteção. Por isso, a imitação não pode consistir no fundamento da linguagem e da comunicação, uma vez que não introduz um conceito de significado distinto ao gesto.

O mecanismo de internalização dos gestos e das atitudes dos outros

A internalização do gesto ou da atitude do outro é o primeiro passo para a estruturação simbólica da comunicação, da interação social e, ao mesmo tempo, o mecanismo essencial para a emergência da mente e do *self*. A consciência de si mesmo emerge mediante um processo no qual um indivíduo reage à atitude ou à ação do outro. Esse outro pode ser tanto um indivíduo concreto, com o qual interagimos, quanto um indivíduo genérico, como a sociedade, as leis, as convenções ou os modos e costumes de vida.

Mead utiliza-se largamente do conceito de "adotar a atitude do outro", centrando nesse mecanismo a organização da experiência social humana. Trata-se de um conceito-chave para a compreensão da sua psicologia social. Cook identifica várias aplicações desse mecanismo, dentre as quais destaca:

> 1) ele demarca a aquisição dos símbolos significantes; 2) torna possível o diálogo interior do

> pensamento humano; 3) é o mecanismo comportamental por meio do qual o indivíduo obtém a autoconsciência; 4) é o responsável pelo desenvolvimento da estrutura social da personalidade ou do *self* humano; 5) ele fornece o princípio distintivo da organização social humana; 6) habilita o indivíduo humano a participar no mundo de objetos compartilhados ou públicos (Cook, 1993, p. 92).

O processo de adoção da atitude do outro[10] sugere a existência de um comportamento cooperativo para com os projetos do grupo e, ao mesmo tempo, um alinhamento aos anseios, desejos e discursos desse grupo determinado. O indivíduo assume um modo de linguagem e passa a comunicar-se tal qual os membros do grupo. Para Mead, é esse o processo que dá origem ao pensamento e à identidade individual.

A infância consiste num período fecundo no qual a criança, mediante o cuidado dos pais e a convivência no seio familiar, tem a oportunidade de apreender e vivenciar a estrutura simbólica da comunicação. As atitudes simpáticas, os gestos de cuidado familiares, especialmente da mãe, e as palavras que são dirigidas à criança constituem um universo simbólico que ela passa a internalizar. Na relação com os pais, a criança começa a constituir seu próprio mundo de significados, certa percepção do próprio eu ou uma espécie de consciência de si rudimentar, bem como uma imagem da sociedade, enquanto horizonte de regras e de valores.

A internalização das diferentes atitudes e papéis sociais abre a possibilidade da emergência da mente e do *self*. Isso se torna possível porque, no mecanismo

---

[10] De acordo com Cook (1993, p. 79), uma atitude, para Mead, "consiste numa disposição comportamental, uma tendência a responder de certo modo a certos tipos de estímulos".

social de adoção da atitude do outro, o sujeito tem a possibilidade de formar uma noção de si mesmo enquanto um *self* organizado, unitário e contínuo, como veremos mais adiante.

A comunicação e o papel central da linguagem verbal

Mead apresenta, com sucesso, a hipótese de que o mecanismo da linguagem é o responsável pela constituição da mente, do *self* e da sociedade. A palavra, gesto vocal simbólico por excelência, consiste na estrutura que possibilita o processo de autoentendimento, de reflexibilidade e de interação, tornando possível que o indivíduo se relacione com os outros, seja consciente de si mesmo e organize uma forma de vida coletiva específica.

Em sua acepção original, a palavra, carregada de significado, tem seus antecedentes nos gestos vocais primitivos que evoluíram mediante a interação, culminando em sua manifestação enquanto símbolo significante. Não podemos esquecer que o conceito de linguagem empregado por Mead possui correlação direta com o conceito de ato. Baseado em Wundt, Mead concebe a linguagem como um dispositivo ligado às expressões corporais do organismo humano, como os gestos, os movimentos das mãos, da face ou de todo o corpo. Por isso, segundo Joas (1997, p. 96), a teoria da linguagem de Mead "está conectada, embora de uma forma muito rudimentar, aos movimentos corporais expressivos do organismo humano". Por conseguinte, podemos inferir que a linguagem consiste, originalmente, numa ação correlata às outras ações humanas, mas superior a elas, uma vez que carrega uma intencionalidade e um significado, sendo orientada à comunicação.

A primazia atribuída por Mead à utilização da linguagem verbal na comunicação leva Herbert Blumer (2003, p. 37) a afirmar que "no grupo humano, a mais importante forma de interação dá-se no nível simbólico. A interação simbólica é a única na qual os participantes respondem às ações dos outros com base nos 'significados' daquelas ações". No processo de interação simbólica, a linguagem tem função determinante para a configuração da forma sociocultural da vida humana: a linguagem cria o ser humano e a sociedade, uma vez que, "no homem, a diferenciação funcional através da linguagem dá lugar a um princípio de organização funcional completamente diferente, que produz não somente um tipo de indivíduo, mas também uma sociedade distinta" (Mead, 1992, p. 244).

Morris, ao analisar esse problema, afirma enfaticamente que "a transformação do indivíduo biológico em organismo ou *self* dotado de mente tem lugar, na exposição de Mead, por meio da ação da linguagem" (Morris, 1992, p. xx). Esse processo, no seio da linguagem, pressupõe a existência de certa espécie de sociedade, bem como de certas capacidades fisiológicas e estruturas internas nos organismos individuais.

Na obra de Mead, existe uma grande amplitude no emprego do termo "linguagem". Entretanto, em qualquer situação, esse termo será empregado sempre em referência a um processo social mediante o qual afetamos os outros e a nós mesmos através do que expressamos. A linguagem tem papel importante na teoria de Mead porque representa "o meio através do qual a pessoa estabelece interações simbólicas com os demais membros do grupo e, dessa forma, torna-se capaz de se colocar no lugar do *outro generalizado*" (Silva, 2009, p. 210).

Em termos gerais, a linguagem consiste num instrumento central obtido na conduta social e utilizado em prol de um comportamento cooperativo. Ela é fundamental para a emergência da mente, da consciência de si mesmo e do modo humano de vida.

> Mead localiza, na linguagem simbólica, o instrumento fundamental que torna possível a complexa organização da conduta social humana; a organização dos sujeitos como *selves* e a estruturação da atividade organizada destes em uma estrutura social. É o utensílio que serve de *medium* para as atividades cooperativas entre humanos e serve como "meio universal" de todas elas (Sánchez De La Yncera, 1994, p. 320).

Para que exista comunicação, em qualquer atuação linguística, é fundamental um processo de compreensão. É necessário que cada um entenda o que disse e, ao mesmo tempo, sinta-se afetado pela mensagem proferida, do mesmo modo que essa mensagem afeta os receptores. A comunicação consiste, por conseguinte, no princípio básico de organização da comunidade humana e do processo de individuação. Ela responde pelo sentido da organização social de um grupo humano específico e, ao mesmo tempo, pelo caráter ético das ações dos diversos indivíduos sociais. Consiste, além disso, segundo Sánchez de la Yncera (1991, p. 151), numa "forma de interação singular que permite aos distintos sujeitos participar de atividades comuns, levando em conta as atitudes correlativas dos outros participantes". Pressupõe reciprocidade e, ao mesmo tempo, coordenação do agir de cada um com vistas a fins comuns.

> A característica destacada da comunicação humana é que alguém formula uma declaração, assinalando algo que é comum em seu significado tanto para

> o grupo inteiro como para o indivíduo, de modo que o indivíduo está adotando a atitude do grupo inteiro na medida em que existe algum significado dado. Quando um homem grita "fogo", não estimula somente as outras pessoas, mas, de igual maneira, se estimula a si mesmo. Sabe o que está fazendo. Isso, como vemos, constitui biologicamente o que denominamos um "universo discursivo". É um significado comum que é comunicado a todos e, ao mesmo tempo, comunicado a si mesmo (Mead, 1984, p. 38).

A comunicação cria mundo, visto que o mundo é construção simbólica, criação comum na linguagem e no entendimento recíproco. Ela faculta aos diversos grupos humanos formas de organização específicas e, aos seus integrantes, atitudes coerentes e aderentes às circunstâncias sociais e históricas nas quais estão inseridos e implicados. Além disso, através da comunicação, os homens adquirem a capacidade de organizar simbolicamente as mais distintas condutas possíveis. Ou seja, mediante a comunicação é possível que os diversos seres humanos, tanto individualmente quanto em comunidade, articulem as próprias ações e, ao mesmo tempo, levantem pretensões em relação às condutas recíprocas. Nesse sentido, afirma Mead:

> O mundo em sua totalidade é uma resposta, em sentido mais amplo, de tal conduta comum. Significa ingresso às atitudes lógicas, éticas e estéticas extremamente organizadas da comunidade, essas atitudes que comportam tudo o que implica o pensamento organizado, a ação e a criação e apreciação artísticas. Supõe sentir-se bem no universo do discurso, no reino dos fins, num mundo de beleza

> e de significação. Ver o mundo em sua totalidade é o reconhecimento do conjunto mais amplo de condições entrelaçadas que podem determinar o pensamento, a prática e nossa fixação e gozo dos valores (Mead, 2009, p. 353).

Mundo e sociedade são experiências vividas de modo compartilhado, pois

> [...] a sociedade existe na natureza social de seus membros. A natureza social de seus membros existe na presunção das atitudes organizadas dos outros que tomam parte com eles em atividades cooperativas, e esta presunção de atitudes organizadas surgiu através da comunicação. É a comunicação o que torna possível a participação, para usar a frase do professor Dewey (Mead, 2009, p. 356).

A linguagem verbal, exercitada comunicativamente, cria mundo, cria significado e transforma o animal humano em ser humano. A palavra carregada de sentido e de significado é também a responsável pela estruturação da mente, da consciência e da personalidade.

Mente, inteligência, racionalidade e resolução de problemas

Como temos observado, a emergência da identidade do ser humano e a organização da sociedade somente são possíveis sob a perspectiva de uma matriz intersubjetiva simbólica. A linguagem é a estrutura que possibilita os processos de desenvolvimento da mente, do *self* e da sociedade. Para melhor compreendermos esses processos, bem como os diversos sentidos e implicações atribuídos a cada um deles na obra de Mead, passamos a explanar os seguintes tópicos: os significados do conceito de mente; os processos de gênese e de estruturação da mente humana; a inteligência reflexiva enquanto caráter distintivo do ser humano; a racionalidade enquanto capacidade de resolução de problemas e de conduta reflexiva.

Os significados do conceito de "mente"

Nos escritos de Mead, encontramos certa ambiguidade no uso do termo "mente" (*mind*),[11] que é por ele largamente empregado. Em determinadas passagens, esse termo pode ser relacionado à razão ou a certos mecanismos de controle que o ser humano emprega na sua relação com o mundo, como o caso da inteligência reflexiva, que na percepção de Tugendhat (1993, p. 195) consiste na "inteligência especificamente humana".

Se nos ativermos ao significado mais utilizado, a mente consiste numa habilidade socialmente desenvolvida de controlar o entorno no qual o indivíduo está inserido. Trata-se de uma experiência concreta do indivíduo, um foro interno que denota o controle, mediante a linguagem, dos significados e dos processos simbólicos estabelecidos entre o organismo e o meio. Em *Mind, Self, and Society*, Mead define a mente do seguinte modo:

> A mentalidade, em nosso enfoque, aparece simplesmente quando o organismo é capaz de assinalar significados para os outros e para si mesmo. Este é o ponto no qual a mente aparece, ou se preferirem, emerge. O que precisamos reconhecer é que estamos tratando da relação entre o organismo

[11] Optamos pela tradução do termo *mind* (em inglês) por "mente". Algumas traduções e artigos científicos, como no caso dos tradutores para a língua espanhola, preferem empregar o termo "espírito".

> e o meio selecionado por sua sensibilidade. O psicólogo está interessado no mecanismo que a espécie humana desenvolveu para ter controle sobre essas relações. [...] O animal humano, não obstante, elaborou um mecanismo de comunicação linguística através do qual ele obteve esse controle. [...] A habilidade para selecionar essas significações e indicá-las aos outros consiste numa habilidade que proporcionou um poder peculiar ao indivíduo humano. O controle foi possível pela linguagem. Eu afirmo que é esse mecanismo de controle sobre a significação, no sentido que indiquei, que se constitui o que denominamos de "mente" (Mead, 1992, p. 132-133).

Em outro texto, ele define a mente como "um pensamento interior, esse fluxo interno de fala e o que ele significa – palavras com seus significados – o que suscita a resposta inteligente" (Mead, 1984, p. 39). Além disso, afirma que a mais importante atividade da mente, no comportamento humano, consiste em "adaptar os impulsos conflitivos, de tal modo que possam expressar-se harmoniosamente" (Mead, 1992, p. 367). Vemos, desse modo, a mente como um mecanismo e uma habilidade que o ser humano desenvolve, na experiência quotidiana, que lhe possibilita adaptar-se ao meio, controlar os próprios impulsos e criar ou atribuir sentido às próprias ações, bem como às ações e às atitudes dos outros.

A gênese e a estruturação da mente humana

Mead, ao atribuir à mente um caráter simbólico, como acabamos de ver, já sinalizava que a sua gênese remeteria à sociabilidade e à linguagem. Ele é categórico ao afirmar a precedência do processo social e da comunicação em relação à origem da mente, pois "a mente surge por meio da comunicação, por uma conversação de gestos, num processo social ou contexto de experiência" (Mead, 1992, p. 50), ou seja, em contextos de experiência social e de interação simbólica entre os indivíduos. A comunicação precede a emergência da mente, e a linguagem é o campo no qual a mente se estrutura e no qual habita. Desses elementos, decorre o fato de Mead poder afirmar que "o corpo não é um eu, enquanto tal; somente se converte em *self* quando desenvolveu uma mente dentro do contexto da experiência social".

A mente implica a relação do organismo com uma situação histórico-social concreta, na qual ele está inserido, uma relação mediada e estruturada por um conjunto de símbolos. Por isso, a existência da mente somente é possível a partir da experiência dos gestos como símbolos significantes. A internalização dos significados dos gestos possibilita o diálogo do indivíduo consigo mesmo e abre a possibilidade de uma relação de entendimento com os outros.

> A internalização de nossa experiência das conversações de gestos externas, que levamos a cabo com outros indivíduos no processo social, é a essência do pensamento; e os gestos assim internalizados são símbolos significantes porque têm os mesmos significados para todos os membros da sociedade ou grupo social dado, isto é, despertam, respectivamente, as mesmas atitudes nos indivíduos que as praticam que nos indivíduos que respondem a eles: do contrário, o indivíduo não poderia internalizá-los ou ter consciência deles e de suas significações. [...] O mesmo procedimento responsável pela gênese e existência da mente ou consciência, a saber, a adoção da atitude do outro em direção

> a si mesmo, ou em direção a seu comportamento, envolve necessariamente a gênese e a existência, ao mesmo tempo, de símbolos significantes ou gestos significantes (Mead, 1992, p. 47-48).

Tendo caráter intersubjetivo e simbólico, "devemos considerar a mente como surgida e desenvolvida dentro do processo social, dentro da matriz empírica das interações sociais" (Mead, 1992, p. 133). A mente, enquanto produto dos processos de socialização e da internalização dos gestos vocais, é social.

> Quando chegamos à forma humana com sua capacidade de demarcar, mediante processo de análise, o que é importante em uma situação; quando chegamos à situação na qual uma mente pode surgir na forma individual, ou seja, onde o indivíduo pode voltar-se sobre si mesmo e estimular-se a si mesmo, do mesmo modo como estimula os outros; onde o indivíduo pode suscitar em si mesmo a atitude de todo o grupo; onde pode adquirir o conhecimento que pertence a toda comunidade, no qual pode responder como responde a comunidade inteira em certas condições, quando dirige essa inteligência organizada na direção de fins particulares; é então que temos esse processo que proporciona soluções aos problemas, operando de maneira autoconsciente. É nesse processo que temos a evolução da mente humana, fazendo uso direto dessa classe de inteligência desenvolvida no processo inteiro de evolução (Mead, 2009, p. 111-112).

Consoantes à mente, a inteligência e a racionalidade também podem ser compreendidas enquanto produtos da interação social, dada a natureza funcional concreta das mesmas. Mais do que substâncias, elas podem ser caracterizadas como funções humanas forjadas num contexto social, como veremos na sequência.

A inteligência reflexiva

Processualmente, podemos afirmar que, tal qual a mente, a inteligência surge, enquanto capacidade de resolução de problemas, das situações e dos desafios concretos com os quais o indivíduo defronta-se diariamente. Ou seja, é através da participação num mundo humano, através da interação e da realização de atividades comuns, que se desenvolve a inteligência humana. Além disso,

> [...] a inteligência é essencialmente a capacidade de resolver os problemas da conduta atual em termos de suas possíveis consequências futuras, tal como estão envolvidas na base da experiência passada – a capacidade, portanto, de resolver os problemas da conduta presente à luz do passado e do futuro ou com referência a eles; envolve, igualmente, memória e previsão. E o processo de exercício da inteligência é o processo de demorar, organizar e selecionar uma resposta ou reação aos estímulos de uma situação ambiental dada (MEAD, 1992, p. 100).

A inteligência reflexiva é um elemento característico e diferenciador do homem em relação aos outros animais. Ações intencionais e reações universais podem ser encontradas, segundo Mead, em outras formas animais inferiores. Entretanto, a inteligência reflexiva e a racionalidade simbólica somente são dimensões encontradas no homem. Isso ocorre porque, mediante a inteligência reflexiva, o homem pode antecipar o futuro, ou seja, por meio dela, ele tem a capacidade de imaginar as consequências dos próprios atos e atitudes e, ao mesmo tempo, tem a possibilidade de comunicar isso aos outros e a si mesmo simultaneamente.

Racionalidade, resolução de problemas e conduta reflexiva

Alinhado ao conceito de mente e de inteligência reflexiva, Mead concebe a racionalidade enquanto a capacidade que o ser humano desenvolveu de resolver os problemas quotidianos e de manter uma conduta reflexiva diante de si mesmo, dos outros e do mundo que o cerca. A racionalidade e o pensamento não são concebidos enquanto entidades puramente transcendentais e abstratas. São, antes disso, formas de conduta reflexiva que se originam na natureza cooperativa da vida social e se expressam na interação ou conduta social.

A racionalidade denota, inicialmente, certa suspensão da ação, pois inclui um movimento de afastamento do ato. Envolve duas atitudes coadunadas: a análise do objeto ou da situação de ação e a organização de uma resposta ou reação na forma de representação. Além disso,

> [...] a conduta reflexiva surge somente sob as condições da consciência de si, e torna possível o controle e a organização intencional, por parte do organismo individual, de sua conduta, com referência a seu meio social e físico, ou seja, com relação às distintas situações nas quais está envolvido e às quais reage. A organização do *self* é, simplesmente, a organização, pelo organismo individual, do conjunto de atitudes em direção a seu meio social, [...] que está em condições de adotar. É essencial

> que tal inteligência reflexiva seja tratada desde o ponto de vista do comportamento social (Mead, 1992, p. 91).

Num grupo social, que possui formas de atividades organizadas e instituições sociais, a ação de um de seus membros provoca determinadas respostas dos outros membros. A recursividade da ação e a capacidade de controlar as reações e respostas, adequando-as ao contexto e às necessidades do grupo, é o que podemos denominar de racionalidade. Nessa perspectiva, um ser racional é aquele ser capaz de assumir as atitudes do grupo e incorporá-las em seus próprios atos sob a perspectiva de um processo cooperativo.

O ser humano, através do convívio familiar e da participação nas instituições e grupos sociais, é inserido num processo interativo simbólico e neste, e através deste, passa a adotar os papéis e as atitudes dos que lhe são próximos. A reação a cada gesto ou atitude dos outros estimula a reflexão e a constituição de uma dimensão subjetiva própria. Nesse sentido, a racionalidade e o pensamento são processos que se articulam com o todo da vida humana nas mais variadas das suas dimensões. Implicam a unidade da personalidade e a abertura ao outro.

> Pensar é um processo de conversação com o próprio si mesmo (*self*) quando o indivíduo adota a atitude do outro, especialmente quando adota a atitude comum do grupo inteiro, quando o símbolo que usa é um símbolo comum que tem um significado comum para o grupo inteiro, para todos os que o integram e qualquer um que pudesse integrá-lo. É um processo de comunicação com participação na experiência de outras pessoas (Mead, 2009, p. 122-123).

O pensar, processo social por excelência, tal qual o conversar, consiste numa resposta às palavras ou gestos de outro alguém. Trata-se de um ato que denota, ao mesmo tempo, reflexão e afeto, uma vez que pressupõe uma atitude de acolhida global dos estímulos oriundos de um objeto ou fato. É a partir do pensar que surge a consciência reflexiva, a qual envolve três estágios sucessivos – emocional, estético e intelectual – que compõem o processo de percepção e de reação reflexiva diante de algo.

O estágio emocional corresponde à percepção do ato ou do objeto mediante a inibição da razão pelo estímulo do objeto em si mesmo. De acordo com Mead (2008, p. 67), ele precede o estágio estético e o intelectual, visto tratar-se "daquele elemento que serve apenas como um estímulo e que configura a reação livre". Além disso, é considerado emocional porque se origina das possíveis respostas conflitivas da consciência diante do objeto ou acontecimento. Nesse estágio não há, ainda, uma percepção do objeto, mas uma espécie de reação à existência do objeto ou ato. Bredo (2010, p. 326) elenca como exemplo desse estágio uma situação na qual, diante do conflito de respostas e "tendo perdido a trilha, o sujeito fica frustrado, ansioso, inseguro, com medo, com raiva e assim por diante", situações que configurariam o estágio emocional do ato.

O estágio estético encontra-se entre o estímulo provocado pelo ato ou objeto e o consequente processo de análise. Sua função consiste em "apresentar o objeto por inteiro" (Mead, 2008, p. 59), como se fosse um todo. Esse estágio envolve a construção global do objeto, a acolhida dos fragmentos num todo, por parte da consciência, de modo intuitivo e sem uma reação sobre ele. Trata-se de um voltar-se da atenção em direção à coisa, ou seja, "a atenção é voltada para o objeto para descobrir exatamente o que é" (p. 84).

O estágio intelectual do ato corresponde ao processo de abstração, ou "na dissecação e na análise" (Mead, 2008, p. 84) do objeto. Nessa fase, é possível encontrar os vários elementos que compõem o objeto para voltar a reconstruí-lo sob uma nova perspectiva, isso porque "a atitude intelectual constrói um objeto para a atividade" (p. 85).

A partir desses três estágios do processo reflexivo da consciência, podemos constatar que o ato de pensar, para Mead, não consiste somente num processo intelectual, pois possui também uma dimensão afetiva e estética. Essa afirmação mostra-se fecunda para discutirmos os processos formativos escolares e os desafios educacionais derivados dos escritos de G. H. Mead.

Além disso, é interessante perceber que a vida humana constitui-se, na visão de Mead, num processo contínuo de solução de problemas. Resolver os problemas que se apresentam é o princípio de todo o pensar, de toda a conduta reflexiva. Será uma conduta reflexiva aquela que, num movimento contínuo, for cobrando consciência diante dos problemas e das situações concretas da vida. Desse modo, na situação concreta do dia a dia, na abertura à dimensão social da vida e na resolução das situações problemáticas que se apresentam, forja-se a racionalidade humana enquanto uma forma evoluída de conduta reflexiva.

Para Mead, a forma mais elaborada e evoluída de conduta reflexiva humana, do processo de pensar e de suas aplicações sociais, pode ser encontrada no denominado mundo do discurso. O discurso pressupõe, enquanto modo de apresentar um problema e de buscar coletivamente sua solução, a capacidade de pensar, de abstrair, de generalizar, de interpretar e de encontrar coletivamente, através da interação e da discussão, a melhor hipótese para a resolução do problema dado. Ele está intimamente ligado ao mundo da experiência quotidiana de cada sujeito individualmente e à comunidade na qual se materializa, visto ser a chave ou o procedimento racional mais indicado para a configuração coletiva das respostas necessárias à existência do grupo humano. Entendemos que tais posições caracterizam exemplarmente o pragmatismo de G. H. Mead.

CAPÍTULO II

A GÊNESE E A ESTRUTURA DO *SELF*

O conceito de *self* é central na obra de G. H. Mead. Para Herbert Blumer (2003, p. 57), um dos primeiros estudiosos americanos a analisar os escritos de Mead, "a concepção de *self* é o coração do pensamento psicológico-social de Mead. Consiste na chave para entender sua análise da ação social, da constituição social dos indivíduos e da sociedade humana". O termo *self* congrega e pressupõe um olhar multidisciplinar sobre a realidade do humano, que articula a psicologia social, a ciência e a política. A abordagem de Mead ao problema da gênese e da estruturação do *self* pode ser compreendida como uma busca pelas condições de possibilidade de emergência da identidade pessoal enquanto consciência de si mesmo. Em tal empreendimento, Mead lançou mão de uma abordagem científica da psicologia social, pautando-se por um tratamento empírico e reflexivo das observações e das experiências verificadas. Seu olhar e suas considerações estavam sincronizados às experiências quotidianas, a uma abordagem pragmática e a uma opção teórica antimetafísica.

Metodologicamente, para discorrer acerca da questão da gênese e da estrutura do *self*, optamos por uma análise a partir de três eixos temáticos, que detalharemos na sequência: a gênese social do *self*;

as fases de desenvolvimento do *self* e o processo de desenvolvimento e de internalização da noção de *outro generalizado*; e as estruturas dialéticas internas do *self*, o eu (*I*) e mim (*me*).

A gênese social do *self*

O conceito de *self*, na teoria psicossocial de Mead, possui correlação com o conceito de "eu" do período do romantismo filosófico. É imprescindível, pois, que explicitemos, mesmo que de modo sintético, o contexto filosófico a partir do qual Mead cunha o conceito de *self*. Ao mesmo tempo, percebemos ser necessário apresentar o que esse autor entende pelos conceitos de consciência e de consciência de si, as diferenças entre esses conceitos, bem como as condições para que ambas possam se desenvolver. Como veremos, um dos pré-requisitos para a gênese do *self* consiste no desenvolvimento da capacidade de o sujeito colocar-se a si mesmo como um objeto num contexto interativo. O exercício de tornar-se objeto para si não se dá num viés solipsista, mas mediante processos interativos e simbólicos. Disso decorre nossa possibilidade de afirmar que a gênese do *self* é, fundamentalmente, social.

O contexto filosófico do conceito de *self*

Ao contextualizarmos o conceito de *self*, podemos perceber que Mead inventariou, na história do pensamento ocidental, rastros do que se constituiu a noção de subjetividade e de *self* ou "si mesmo". De acordo com Kaminsky (2009, p. 12), Mead "incorporou de Kant a ideia do si mesmo transcendental, unidade funcional pressuposta em nosso próprio processo de experiência, enquanto que com Hegel desenvolve o processo de construção da negatividade dialética do si mesmo em relação ao não-si mesmo".

Num texto memorável sobre Kant e o romantismo filosófico,[12] Mead principia sua análise do *self* com uma referência ao *cogito* cartesiano, passando pela experiência empírica de Hume e chegando à entidade transcendental do ser em Kant. Nesse sentido, ele escreve:

> Kant afirmou que o *self* era postulado como uma entidade última. Ele era uma realidade, porém impossível de conhecer. Descartes afirmava que o *self* devia existir porque pensamos; e porque nós pensamos, devemos ser. Porém, ele não postulava uma experiência imediata do *self* nesse pensar. É a essa experiência do *self* propriamente dita que o romântico se volta, a experiência na qual o *self* é a coisa mais real, a realidade mais comovente na experiência (Mead, 1936, p. 78-79).

Diferente de Hume, que segue uma vertente mais empírica do *self*, Kant agrega uma dimensão transcendental ao eu: o eu que julga, incorpora e está acima da referência aos objetos com os quais se relaciona. Seguindo essa intuição, Mead afirma que o *self* kantiano possui dois aspectos: um puramente formal, como aparece na unidade transcendental da apercepção, enquanto um poder unificador que mantém unidas nossas percepções, constituindo-as diferentes das meras sensações e lhes dando unidade; o outro aspecto aparece na *Crítica da razão prática* enquanto um postulado permanente, que não pode ser conhecido, visto enquadrar-se no rol das "coisas em si mesmas".

---

[12] Referimo-nos ao texto *Kant and the Background of Philosophic Romanticism* (MEAD, 1936, p. 66-84; 2009, p. 201-214).

Nesse processo de reconstrução histórica do conceito de "si mesmo" (*self*), Mead também recorre a Hegel, especialmente aos escritos da juventude. Na percepção de Mead, Hegel consegue dar um terceiro passo em relação à dualidade kantiana, um passo unificador, que une sujeito e objeto numa expressão mais elevada do si mesmo.

A consciência e a consciência de si mesmo

Mead entende que a consciência e a consciência de si mesmo – *self* – são processos que podem ser diferenciados na experiência humana. Ou seja, a consciência e o *self* somente podem ser reconhecidos na ação e na interação no decorrer da vida. Além disso, é importante notar que existe na obra de Mead certa diferença no uso dos termos "consciência" e "consciência de si".

A consciência não representa, para Mead, uma substância ou algo independente, suprassensível, que se sobrepõe a um organismo ou à forma humana de vida. Representa, sim, o resultado de processos vitais interativos, certa classe de meios empregados na relação do indivíduo com outros organismos sensíveis e com o próprio ambiente no qual ele está inserido.

> Não podemos identificar o *self* com o que comumente denominamos consciência, ou seja, com a presença privada ou subjetiva dos caracteres dos objetos. Existe, certamente, uma distinção comum entre a consciência e a consciência de si: consciência corresponde a certas experiências como a da dor ou do prazer, e consciência de si refere-se a um reconhecimento ou aparição do *self* como um objeto (Mead, 1992, p. 169).

Em relação à consciência, Mead adverte que existem algumas condições para a sua existência. A primeira condição é a vida, o processo mediante o qual o indivíduo busca, por meio das próprias ações, manter a si mesmo e as gerações posteriores. A segunda condição consiste nas classes de reações das formas vivas ao sistema e ao ambiente no qual estão inseridas. Desse modo, primariamente, podemos reconhecer a consciência nas reações das "formas vivas a uma estimulação externa, de forma a preservar o processo de vida" (Mead, 2002, p. 94). A consciência está sedimentada e manifesta-se na capacidade de selecionar respostas ou reações frente ao mundo circundante.

É interessante notar que, dessa perspectiva, estar dotado de consciência, ou desenvolver uma consciência, não seria um atributo exclusivo ao homem, mas algo compartilhado com outras formas vivas, à medida que elas possuíssem estratégias para se manter vivas, para atuar e para modificar o ambiente em que vivem. Por isso, no texto "The Implications of the Self", Mead (2002, p. 91-109) inclui, além do ser humano, outros animais como capazes de desenvolver esse tipo de ação e, consequentemente, essa forma de consciência.

Mead entende que somente num contexto social o indivíduo pode desenvolver uma consciência de si mesmo, ou seja, pode converter-se em *self* ou em objeto para si mesmo. É na conduta interativa que o indivíduo pode adquirir a autoconsciência, pois "ser consciente de si é, essencialmente, converter-se em um objeto para si em virtude das relações sociais de um indivíduo com os outros" (Mead, 1992, p. 172).

Ao analisar o tema da autoconsciência em Mead, Ernst Tugendhat (1993, p. 33) destaca a concepção revolucionária que demarca sua posição, pois "o que Mead chama de 'si mesmo', e o que designa como autoconsciência e reflexão, se constitui no falar consigo mesmo. Este falar consigo mesmo se constitui, por sua vez, de maneira social, na interiorização do falar com os outros". Isso nos leva a constatar que Mead compreende a consciência de si mesmo numa acepção fundamentalmente cognitivo-interativa. Trata-se da internalização e da dramatização simbólica dos papéis significativos do grupo social do indivíduo.

> A consciência de si [...] é um fenômeno essencialmente cognitivo antes que emocional. O processo de pensamento ou intelectual [...] é a primeira fase experiencial na gênese e no desenvolvimento do *self*. [...] A essência do *self*, como dissemos, é cognitiva: reside na conversação internalizada de gestos que constitui o pensamento, ou em termos da qual procede o pensamento ou a reflexão. E disso decorre que a origem e as bases do *self*, como as do pensamento, são sociais (Mead, 1992, p. 173).

A concepção de *self* é considerada cognitiva porque o acesso a ele pode ocorrer somente mediante o exercício de se colocar a si mesmo enquanto objeto num contexto interativo, como veremos a seguir.

O exercício de colocar-se a si mesmo como objeto na interação

Para Mead, uma das principais características do *self* consiste na capacidade de um indivíduo tornar-se um objeto para si mesmo, a partir de um contexto interativo. O processo de reflexibilidade é um pressuposto à estruturação de uma identidade do eu. Entretanto, Mead não entende esse processo do mesmo modo que os autores da modernidade, pois o ser humano não tem condições objetivas de sair de si mesmo, enquanto observador, e intuir-se enquanto "eu" nesse mesmo processo reflexivo e monológico. O acesso ao "eu" é sempre mediado por um "mim", uma consciência de si que advém da introjeção das demandas, dos papéis e das perspectivas generalizadas da comunidade. Ou seja, é fundamentalmente pela via da linguagem e da interação com os outros que o sujeito adquire um *self*, uma consciência de "si mesmo".

> Recordemos que o termo *self* tem um significado preciso que podemos enunciar abreviadamente do seguinte modo: é a forma reflexiva da experiência do sujeito humano que resultará da aquisição, no decurso da interação social, de um significado do eu individual desde o ponto de vista das relações (significativas) de conduta em um contexto intersubjetivo (Sánchez De La Yncera, 1994, p. 206-207).

No texto denominado "The Social Self", anterior a *Mind, Self, and society*, Mead (1981, p. 142-149) já apontava que o caminho à consciência de si implicava a interação com o outro. Ou seja, somente pela via intersubjetiva é que o *self* poderia se estruturar, pois a simples afirmação de que o *self* origina-se como uma consciência de si para si mesmo não elucida o problema de sua gênese. Por isso, Mead buscou responder também à questão do como é possível o *self* experimentar-se enquanto um objeto para si. Afirma que é o recurso à conduta ou atividade social do ser humano que poderá aclarar essa situação.

> O indivíduo experimenta-se a si mesmo como tal não diretamente, mas só indiretamente, desde os pontos de vista particulares dos outros membros individuais do mesmo grupo social, ou desde o ponto de vista generalizado do grupo social, enquanto um todo, ao qual ele pertence. [...] Não se

> converte em sujeito de si mesmo senão somente na medida em que se converte primeiramente em objeto para si mesmo, do mesmo modo que outros indivíduos são objetos para ele ou em sua experiência; e se converte em objeto para si somente adotando as atitudes dos outros indivíduos em relação a si mesmo, dentro de um meio social ou contexto de experiência e conduta, no qual tanto ele como os outros estão envolvidos (Mead, 1992, p. 138).

É pela ação social que a consciência atinge a consciência de si. Trata-se de um processo concreto, perceptível na ação comunicativa do eu e na reação compreensiva do outro. O mecanismo central é a estimulação social, que se efetiva na interação simbólica, mediada pela linguagem. Os gestos vocálicos estimulam e demandam por respostas, tanto dos outros como de si mesmo.

> Temos que recordar a experiência de tornar-nos conscientes que temos estado envolvidos, enquanto si mesmos, para produzir autoconsciência. [...] Como tenho indicado em outro lugar, o mecanismo para esta resposta à nossa própria estimulação social pelos outros decorre naturalmente do fato de que os sons, gestos, especialmente os gestos vocálicos, que o indivíduo dirige aos outros, clamam ou tendem a clamar uma resposta de si mesmo (Mead, 1981, p. 145).

Compreender-se enquanto "si mesmo" implica o desenvolvimento de uma forma reflexiva gramatical que pressupõe a capacidade de o indivíduo definir-se dentro de uma unidade simultânea de sujeito e de objeto. Denota uma autocompreensão prática que perpassa toda a ação e o transcorrer de toda a existência do ser humano. O sujeito desenvolve essa capacidade ou estrutura interna que o diferencia, individualizando-se reflexivamente e, ao mesmo tempo, permanecendo membro de uma comunidade. Por conseguinte, o "si mesmo" só é possível como resultado da relação com os outros "si mesmos". É o conjunto das relações intersubjetivas que faculta ao indivíduo a consecução do projeto pessoal de constituição de um *self.*

Por isso, podemos afirmar que o uso comunicativo da linguagem e as inter-relações pessoais são fatores decisivos na estruturação do conceito de si mesmo. A personalidade emerge enquanto criação individual num contexto social mediante a necessária internalização de uma estrutura social.

> Um "si mesmo" [*self*] pode surgir quando há um processo social dentro do qual o si mesmo tem sua iniciação. Surge dentro desse processo. Para este, a comunicação e a participação, que tenho mencionado, são essenciais. Esse é o modo em que surgiram os "si mesmos" [*selves*] como tais. É lá onde o indivíduo está num processo social, do qual é parte, onde influi verdadeiramente sobre si mesmo como sobre os demais. Lá o "si mesmo" surge. E lá se volta sobre si, se dirige a si mesmo. Utiliza-se das experiências que pertencem a seu próprio organismo. Identifica-as consigo mesmo (Mead, 1984, p. 42).

Em *Mind, Self, and Society*, Mead chama a atenção para o fato de que o *self* não é uma estrutura inata no ser humano. Ser ou possuir um corpo físico não implica, necessariamente, possuir uma identidade ou ter formado um conceito de si mesmo.

> O *self* possui um caráter distinto do organismo fisiológico propriamente dito. O *self* é algo que tem desenvolvimento; não está presente inicialmente,

> no nascimento, mas surge no processo da experiência e da atividade social, ou seja, se desenvolve no indivíduo como o resultado de suas relações com esse processo como um todo e com os outros indivíduos que se encontram no interior desse processo (MEAD, 1992, p. 135).

Como vimos, Mead entende o *self* como um processo,[13] um "si mesmo" que se estrutura simbolicamente no seio da linguagem e do encontro com o outro. Não se trata de uma realidade imediata, visto seu caráter processual e intersubjetivo, mas implica no exercício de o ser humano colocar-se como objeto para si mesmo.

> O *self* tem a característica de ser um objeto para si, e essa característica o distingue de outros objetos e do corpo. [...] O corpo não se experimenta a si mesmo como um todo, no sentido em que o *self*, de alguma forma, entra na experiência do *self*. O que quero destacar é a característica do *self* como objeto para si mesmo. Essa característica está representada pelo termo *self*, que é um reflexivo e indica o que pode ser tanto sujeito quanto objeto (MEAD, 1992, p. 136-137).

Embora a afirmação de Mead acerca da necessidade de o sujeito colocar-se enquanto objeto para si mesmo denote certa conivência com o modelo da filosofia da consciência, podemos perceber que Mead sempre se refere ao processo social de emergência do *self*. O exercício de colocar-se enquanto objeto pressupõe sair de si mesmo mediante a interação. Ou seja,

[13] Blumer (2003, p. 58-62) percebe, na obra de Mead, uma dupla dimensão da estruturação do *self*: ele pode ser compreendido enquanto um objeto, visto a possibilidade de ser intuído reflexivamente e, ao mesmo tempo, enquanto um processo, à medida da consecução da relação dialética interna entre um "eu" e um "mim".

a imagem que o sujeito cria de si mesmo, enquanto objeto, advém da imagem que os outros lhe ofertam acerca do próprio atuar. Trata-se, portanto, de uma imagem do eu mediada pelo outro. Essa é a mesma opinião que possui Axel Honneth quando afirma:

> Para Mead, não cabe dúvida de que o sujeito individual não pode adquirir uma identidade consciente senão somente transladando-se à perspectiva excêntrica de um outro representado de maneira simbólica, desde a qual aprende a olhar a si mesmo e ao seu atuar como participante de interação: o conceito de "me" que representa a imagem que tenho de mim desde a perspectiva de meus companheiros de comunicação deve esclarecer, de modo cabal, que o indivíduo não pode representar-se a si mesmo na consciência senão em posição de objeto (Honneth, 2009, p. 283).

A autorreflexibilidade somente é possível porque somos capazes de nos ouvir falar, de responder à nossa fala e, ao mesmo tempo, de interagir com os outros. Disso decorre a afirmação de que o *self* possui uma gênese estritamente social, como veremos a seguir.

A gênese social do *self*

Mead entende que a noção de *self* – autocompreensão reflexiva de si mesmo – é constituída sob a lógica dos processos de socialização, numa matriz intersubjetiva e simbólica. Ou seja, para Mead, "a individuação só é possível pela via da socialização" (Habermas, 2012a, p. 672), uma vez que a gênese do *self* ocorre no interior da sociedade, por meio da inserção do indivíduo nos processos de comunicação e da consequente internalização das estruturas simbólicas presentes na linguagem. Isso nos leva à constatação de que a mediação da linguagem é que torna possível a emergência do *self*, uma vez que "o *self*, a mente, a 'consciência de' e o símbolo significante são, em certo sentido, precipitados juntos" (Morris, 1992, p. xxiii).

Em Mead, encontramos uma compreensão original acerca da subjetividade, pois ele desloca-a e a relaciona à intersubjetividade. A estrutura básica que torna possível a emergência do *self*, da mente e da consciência de si é a linguagem enquanto práxis comunicativa e mediação linguística. O mecanismo empregado nesse processo é o da internalização da atitude do outro. É, portanto, na conduta social humana que os processos de individuação e socialização são desenvolvidos e que as estruturas do *self* e da consciência de si têm a possibilidade de se efetivar. Isso leva Mead a afirmar que

> [...] as pessoas somente podem existir em relações definidas com outras pessoas. [...] O indivíduo possui um *self* somente em relação com os *selves* dos outros membros do seu grupo social; e a estrutura de seu *self* expressa ou reflete a pauta geral de comportamento do grupo social ao qual pertence, assim como o faz a estrutura do *self* de todos os demais indivíduos pertencentes a esse grupo social (Mead, 1992, p. 164).

O ser humano humaniza-se e individualiza-se mediante processos de socialização: a gênese do *self* é social. Ou seja, para Mead (1992, p. 140), "o *self*, enquanto objeto pra si mesmo, é essencialmente uma estrutura social e surge da experiência social", sendo impossível conceber essa noção desacoplada da vivência em sociedade.

> O indivíduo se converte em *self* na medida em que pode adotar a atitude de outro e atuar em direção a si mesmo como atuam os outros. [...] O que constitui um *self* é o processo social de influir sobre outros num ato social e, em seguida, adotar a atitude dos outros, despertada pelo estímulo, e então reagir, por sua vez, a essa resposta (Mead, 1992, p. 171).

A citação anterior apresenta, de modo exemplar, os elementos centrais a partir dos quais se estrutura o *self*. A conexão entre sociedade e indivíduo se dá pela participação do ser humano nas atividades sociais, as quais implicam interação, comunicação simbólica e compartilhamento de experiências. Por isso, a participação social e a adoção da atitude do outro são dois elementos centrais para a gênese do *self*. Desse modo, para Mead,

> [...] os indivíduos se convertem em objetos para si mesmos, precisamente, porque se descobrem a si mesmos adotando a atitude dos outros que estão envolvidos nas suas condutas. [...] Além do mais, a verdade é que o *self* pode existir somente para o indivíduo se ele assume os papéis sociais dos outros (Mead, 1981, p. 283-284).

Como temos visto, a autoconsciência de si consiste numa construção intersubjetiva e simbólica, pois "um sujeito só pode adquirir uma consciência de si mesmo na medida em que ele aprende a perceber sua própria ação da perspectiva, simbolicamente representada, de uma segunda pessoa" (Honneth, 2009, p. 131). Em outros termos, podemos afirmar que a autoconsciência é intersubjetiva porque a individuação se dá no recurso à socialização e, ao mesmo tempo, é simbólica porque implica configuração de sentidos e de significados através da prática linguística. Ressaltamos que tal construção não é isolada no tempo e no espaço. Ela emerge no quadro determinado das ações e das relações do indivíduo com os outros e com o meio no qual vive.

A consciência de si mesmo (*self*) emerge da relação com os outros mediante a internalização dos papéis sociais e das expectativas generalizadas da comunidade à qual o sujeito pertence.

> O *self* humano surge através da habilidade de adotar a atitude do grupo ao qual pertence – porque pode expressar-se a si mesmo em termos da comunidade à qual pertence e assumir as responsabilidades que pertencem à comunidade; porque pode reconhecer suas próprias obrigações como diferentes das de outros – isso é o que constitui o *self* como tal. [...] A estrutura da sociedade reside nesses hábitos sociais e nos convertemos em nós mesmos somente na medida em que podemos adotar esses hábitos sociais (Mead, 1984, p. 33).

Para que isso ocorra, é necessário que cada ser humano desenvolva o mecanismo de adotar a atitude ou o papel social do outro. Ao adotar a atitude ou o papel dos outros membros do grupo social, o indivíduo passa a compartilhar integralmente das experiências desse grupo. Adotar a atitude do outro implica colocar-se na perspectiva do outro, colocar-se no lugar do outro.

Diferente dos outros animais, o ser humano desenvolve a capacidade de adaptar o próprio comportamento ao comportamento do outro. Para Mead, animais como a formiga e a abelha, embora manifestem condutas sociais, não pautam seus comportamentos numa estrutura simbólica de interação. Ao contrário, há uma diferenciação fisiológica que define as funções de cada uma delas na conduta social. Não podemos considerar que os atos de uma formiga ou de uma abelha sejam atos sociais no sentido estrito do termo. Um ato, para ser considerado social, necessita estar orientado ao outro, de modo intencional, levando à interação e à cooperação entre os diversos indivíduos.

Diante disso, podemos inferir que o sujeito humano, enquanto individualidade e identidade de si mesmo, cria-se e se recria *pari passu* às interações sociais que estabelece, às ações cooperativas com as quais se envolve e às performances linguísticas que desenvolve comunitariamente. Será um "si mesmo" ou desenvolverá um *self* ao internalizar as atitudes e os papéis sociais dos outros em relação a si e ao compartilhar da vida social e simbólica da comunidade a qual pertence.

Etapas de desenvolvimento do *self* e o "outro generalizado"

Como temos visto, Mead entende que o processo através do qual emerge o *self* tem seu princípio na conversação de gestos, a qual evolui para uma comunicação significativa e o desenvolvimento de uma linguagem proposicionalmente diferenciada. O caráter estruturante do *self* encontra-se no processo de comunicação simbólica mediante o qual um organismo reage ao gesto do outro, internalizando a atitude ou o papel social desse outro. Junto ao processo de comunicação, Mead apresenta o brincar e o jogar enquanto analogias e etapas do processo de gênese do *self*. O brincar e o jogar precedem a estruturação da noção de "outro generalizado", que consiste numa espécie de cenário organizado de convivência, de participação e de comunicação da sociedade, bem como numa forma de convenção universalizada da vontade coletiva da comunidade, que necessita ser internalizada por parte do indivíduo para que ele desenvolva um *self*.

O brincar e o jogar

Encontramos, nos escritos de Mead, além da participação nas ações linguístico-interativas, duas ilustrações do processo de desenvolvimento da autoconsciência na criança: "o primeiro estágio é o do brincar (*play*) e o segundo o do jogar (*game*), que são distintos entre si" (1981, p. 284). A brincadeira e o jogo consistem em exemplos das condições sociais interativas fundamentais à gênese e à estruturação do *self* ou, em outros termos, representam dois estágios do desenvolvimento do *self* (Mead, 1992, p. 152; 2006, p. 7).

O brincar consiste numa ação característica e fundamental da infância, que possibilita o aparecimento de uma percepção de si mesmo enquanto um eu, o desenvolvimento de comportamentos sociais e a familiarização com as atividades básicas do grupo social ao qual pertence. É uma atividade central à estruturação da autoconsciência e da identidade pessoal, que mantém sua influência por todo o transcorrer da vida.

O brincar equivale, para Mead, às atividades lúdicas infantis que proporcionam os rudimentos da organização da imagem de um "outro" de si. Nesse tipo de atividade, a criança adota vários papéis, um depois do outro, de pessoas ou animais, que de algum modo se fazem presentes em sua vida quotidiana. A vivência de vários papéis possibilita-lhe ultrapassar a barreira do próprio corpo, mesmo que de modo rudimentar, em direção às atividades sociais, nas quais a centralidade no próprio ego começa a ser rompida pela existência de uma noção de um "outro" e de um "nós". O brincar antecede os jogos organizados e consiste num brincar "algo", brincar alguma coisa. Nesse sentido, exemplifica Mead:

> A criança brinca de ser uma mãe, um professor, um policial; ou seja, como dizemos, adota diferentes papéis. [...] Por exemplo, brinca que está oferecendo algo e o compra; entrega uma carta e a recebe; dirige-se a si mesmo como um dos pais, como um professor; prende-se como um policial. Tem uma série de estímulos que provocam nele a classe de reações que provocam em outros. Toma esse grupo de reações e as organiza em certo todo. Tal é a forma mais simples de ser outro para o próprio *self* (Mead, 1992, p. 150-151).

Esse brincar livre, sem regras aparentes e por um período temporário, possibilita a organização de uma estrutura de conversação interior. Ao dizer algo, assumindo uma personagem, e ao responder em outra personagem, a criança desenvolve certa estrutura organizada de papéis sociais, por tempo indeterminado, de modo livre e enquanto lhe der prazer de brincar "desse algo" ou "daquele algo". A fase do brincar, enquanto experiência do jogar com os papéis sociais disponíveis e conhecidos, consiste na primeira experiência ou modo de saída de "si mesmo" e de apropriação de uma imagem de "outro" por parte da criança. O brincar antecipa uma segunda apropriação do "outro", fundamentada em regras sociais, que possibilitará a estruturação do "outro generalizado".

O jogo (*game*), por sua vez, refere-se preferentemente às atividades com regras, pressupondo a participação de mais de um jogador. Normalmente, identificamos essa classe de atividades com os esportes coletivos organizados, nos quais uma equipe compete com outra equipe. Ao jogar, cada participante deve ser capaz de representar exitosamente um papel. O êxito ou vitória de uma equipe sobre a outra depende simultaneamente da capacidade de organização e de coordenação de seus membros, do atendimento às regras do jogo e da articulação dos papéis de cada um dos envolvidos.

Ao participar desse tipo de jogo coletivo, a criança aprende a organizar o próprio comportamento, adequando-o ao comportamento dos outros jogadores, de modo que a atividade seja articulada. O jogador necessita adotar o papel que lhe é peculiar no jogo e, ao mesmo tempo, ser capaz de modificar ou trocar de papéis, no decorrer do jogo, de modo que seja capaz de antecipar os possíveis movimentos ou ações dos companheiros com fins de obter êxito ou, até mesmo, antecipar as jogadas e os papéis dos adversários, impedindo-os de vencer.

Ao referir-se a uma partida de beisebol, Mead (1992, p. 151-152) afirma que nela cada jogador deve saber o que farão todos os demais jogadores a fim de poder seguir seu próprio jogo. Cada um precisa ser capaz de assumir seu papel em correlação com os demais e de acordo com regras já definidas. Isso será possível mediante a internalização das expectativas de ação e, ao mesmo tempo, da organização e da generalização dessas expectativas, de modo que possa intervir adequadamente no transcorrer do jogo.

A possibilidade de vivenciar diferentes papéis, de forma organizada, é fundamental para o desenvolvimento da consciência de si e, consequentemente, de uma identidade pessoal.

> No seu jogo, o jogador tem que ter uma organização desses papéis; do contrário, ele não pode jogar. O jogo representa uma passagem na vida da criança – da adoção dos papéis dos outros no jogo até a parte organizada – que é essencial para a consciência de si, na acepção completa do termo (Mead, 1992, p. 152).

O jogar, em equipe, configura um avanço em relação ao brincar individual, pois amplia o horizonte da participação, da cooperação social e do descentramento de si mesmo. Além disso, representa uma situação arquetípica do desenvolvimento da consciência de si, pois articula a assunção de papéis sociais, a vivência das regras convencionais da sociedade e a necessidade de um controle pessoal do comportamento com vistas à consecução de uma atividade que envolve cooperação e participação de si mesmo e de outros membros sociais. Isso leva Sánchez de la Yncera a comentar que

> [...] o *game* é, portanto, um arquétipo da situação na qual surge a personalidade (socialmente) organizada. Na medida em que adota a atitude do outro e permite que esta última sirva de controle de seu comportamento com vistas a um fim comum, a criança se vai convertendo em um membro orgânico da sociedade. Assume a moral dessa sociedade e se faz membro essencial dela. Pertence a ela na medida em que permite que as atitudes dos outros intervenham no controle de seu comportamento imediato (Sánchez De La Yncera, 1994, p. 286).

No jogo, organiza-se uma espécie de unidade de ação entre os participantes, que articula e controla as reações do indivíduo. Temos a introdução de um "outro" convencional no processo. Não se trata de um novo indivíduo, mas uma organização de atitudes e de ações supraindividuais, que envolvem todos os competidores no mesmo processo. Com a internalização da figura desse "outro" forma-se, mediante um processo de universalização, o que Mead denomina de "o outro generalizado".

> O brincar (*play*) antecede o jogar (*game*). Pois em um jogo (*game*) há um procedimento regulado e normas. A criança deve adotar não somente o papel do outro, como ela faz no brincar, mas deve assumir os vários papéis de todos os participantes do jogo e governar suas ações de acordo com isso. [...] E essas reações organizadas se convertem no que denominamos de "outro generalizado" (*generalized other*), que acompanha e controla sua conduta. A presença desse outro generalizado em sua experiência é o que proporciona um *self* para si (Mead, 1981, p. 285).

No jogar, é facultado à criança que realize a experiência de apropriar-se das atitudes de todos os participantes de forma organizada. Além disso, ela tem a possibilidade de vivenciar os diferentes papéis e, ao mesmo tempo, articulá-los entre si e com os outros companheiros do jogo.

O "outro generalizado"

O conceito de "outro generalizado" consiste, na obra de Mead, numa representação simbólica da vontade coletiva. Trata-se da dimensão normativa da comunidade social, que se estrutura na forma de um horizonte e que orienta as atitudes dos distintos indivíduos. Para Mead, "a atitude do outro generalizado é a atitude de toda a comunidade" (1992, p. 154), expressa em objetivos, valores, regras, costumes, sentidos e reações organizadas que não podem ser reduzidas somente à dimensão da moralidade. Sánchez de la Yncera (2008, p. 137-138) identifica que esse conceito "designa os cenários organizados de convivência enquanto uma faceta de referência de orientação geral das atividades coletivas e do desenvolvimento da identidade da pessoa".

Mead entende que a adoção das perspectivas universalizadas da comunidade – o outro generalizado – ocorre mediante um processo de internalização, que denota uma dinâmica formativa na qual as instâncias controladoras do comportamento da sociedade migram do exterior – sociedade – para o interior do indivíduo. Ao internalizar o conceito de "outro generalizado", o ser humano está apto a desenvolver e progredir no pensamento abstrato e na configuração das estruturas da personalidade. Além disso, a internalização da noção simbólica de "outro generalizado", ou a adoção da atitude do grupo social ao qual pertence o indivíduo, consiste numa pré-condição ao desenvolvimento da identidade pessoal.

> Somente na medida em que ele [indivíduo] adotar as atitudes do grupo social organizado ao qual pertence, em direção à atividade social organizada e cooperativa, ou direcionada à série de atividades na qual esse grupo está ocupado, somente nessa medida ele desenvolverá um *self* pleno ou possuirá o tipo de *self* pleno que desenvolveu (Mead, 1992, p. 155).

A necessidade de participação e de cooperação no grupo social, ou seja, a premência do processo socializatório para a efetivação da individuação consiste, também, no modo mediante o qual a sociedade exerce controle sobre seus membros. Não basta ao indivíduo estar num espaço geográfico definido; é necessário que viva como um membro de um grupo determinado, que se inculture, que corporifique em si os valores, as crenças e os objetivos próprios da sociedade à qual pertence.

É importante deixar claro que, apesar do acento dado por Mead à dimensão social no processo de individuação, ele entende que existe uma estrutura subjetiva não redutível à ação do grupo social sobre o indivíduo. Para ser sujeito, é necessário ser parte de uma comunidade, ou em outros termos, a individuação pressupõe a socialização. Nesse sentido, afirma:

> Certamente, não somos somente o que é comum a todos: cada uma das pessoas é distinta de todas as demais; porém, é preciso que exista uma estrutura comum como a que esboçamos a fim de que possamos ser membros de uma comunidade. Não podemos ser nós mesmos a menos que sejamos também membros numa comunidade de atitudes que controla as atitudes de todos (Mead, 1992, p. 163-164).

Como acabamos de ver, Mead entende que existem duas facetas do processo de desenvolvimento do *self*. Na primeira, estão incluídos os estágios que representam a assunção gradativa da perspectiva da comunidade sobre o indivíduo, representados pelas analogias do brincar e do jogar. Nestes, é fundamental a aprendizagem e a adoção das atitudes e das regras convencionais da sociedade por parte da criança, o que em linguagem mediana pode ser descrito como o processo de internalização do "outro generalizado". Por outro lado, importa notar que a internalização das convenções coletivas, que denominamos de "outro generalizado", não significa o solapamento da subjetividade pela intersubjetividade, como veremos na sequência, no que identificamos como a estrutura dialética do *self*.

A estrutura dialética do *self*: *Eu* (I) e *Mim* (ME)

É notório que a obra de Mead coloca em destaque a base social do desenvolvimento do *self*. Entretanto, esse autor reconhece a existência de uma instância reflexiva do sujeito e, ao mesmo tempo, o fato de que o *self* não pode ser reduzido apenas à sua dimensão social. Existe uma base subjetiva no *self* individual que é irredutível às determinações do grupo social.

Para que o indivíduo humano desenvolva uma consciência de "si mesmo", um *self*, é premente que, num processo de reflexibilidade, ele coloque a si mesmo enquanto objeto. Para detalhar esse processo, Mead recorre a uma bipartição do *self*, diferenciando o "eu" (*I*) do "me/mim" (*me*) e, ao mesmo tempo, explicitando a dinâmica dialética que se instala no interior da consciência do "si mesmo", na qual "o 'eu' [*I*] reage ao *self*, que se originou por meio da adoção das atitudes dos outros" (Mead, 1992, p. 174).

Mead entende que o que pode ser elevado à consciência é o "mim". Como vimos, a consciência de si originou-se da internalização das atitudes dos outros, especialmente da assunção da perspectiva generalizada do grupo social ou do "outro generalizado". O "mim" consiste, desse modo, uma internalização social. O "eu", entretanto, enquanto dimensão pessoal, não é redutível ao "outro generalizado" internalizado enquanto "mim", nem passível de captura pela consciência.

> O "eu" é a reação do organismo às atitudes dos outros; o "mim" consiste na série organizada de atitudes dos outros que cada um assume. As atitudes dos outros constituem o "mim" organizado e, logo, um reage frente a elas como um "eu" (Mead, 1992, p. 175).

O "eu" (*I*) consiste na dimensão não previsível do *self*, no elemento que nos identifica enquanto únicos e singulares, que não é dado diretamente na experiência. Ele não pode ser objeto da consciência. O "eu" emerge da ação criativa do indivíduo diante de uma situação social. Trata-se da novidade do momento, do ineditismo da reação ao dado, com uma orientação a um futuro indefinido. É uma reação que não pode ser prevista, tampouco antecipada.

> O "eu", pois, nessa relação entre o "eu" e o "mim", é algo que, por assim dizer, responde a uma situação social que se encontra dentro da experiência do indivíduo. É a resposta que o indivíduo tem às atitudes que outros adotam em direção a ele, quando ele adota uma atitude em relação a eles. Assim sendo, as atitudes que ele adota em relação a eles estão presentes em sua própria experiência, porém sua resposta a elas conterá um elemento de novidade. O "eu" proporciona a sensação de liberdade, de iniciativa (Mead, 1992, p. 177).

A ação ou reação de alguém não pode ser prevista de antemão. Normalmente, temos consciência de nós mesmos e também da situação em que nos encontramos. Entretanto, a reação exata, a maneira específica que reagiremos diante de uma situação específica, somente pode ser evidenciada depois de sua consecução. Somente depois do ato concretizado e da sua consequente apreensão pela memória é que poderemos ter noção clara do realizado. Sendo a experiência do "eu" completamente *a posteriori* e, ao mesmo tempo, a consequência das ações e reações do *self* como um todo, podemos dizer que teremos condições de criar uma imagem pessoal somente mediante a conduta social efetiva ao agirmos e reagirmos em contextos sociais.

O "mim" (*me*) é consciente, visto sua existência imediata para o indivíduo na consciência. O "mim" permite a convivência social segundo os padrões estabelecidos, pois contempla as convenções e as atitudes generalizadas dos outros. É a dimensão que mantém a estabilidade das ações e das reações do *self*, pois está pautado nas convenções do todo social: o "mim" é convencional.

Mead afirma que, na pessoa, o "eu" e o "mim" aparecem de formas distintas, mas mutuamente dependentes, tal qual parceiros de um diálogo.[14] Nesse sentido, afirma:

> Não existiria um "eu", no sentido em que usamos esse termo, se não houvesse um "mim"; não haveria um "mim" sem uma reação na forma do "eu". Os dois, tal como aparecem em nossa experiência, constituem a personalidade. Somos indivíduos nascidos em certa nacionalidade, localizados em certo ponto geográfico, com tais relações familiares e tais relações políticas. Tudo isso representa certa situação que constitui o "mim"; porém, isso envolve, necessariamente, uma ação contínua do organismo em direção ao "mim" dentro do processo no qual reside (Mead, 1992, p. 182).

O "eu" e o "mim" são dimensões distintas da identidade individual, com processos distintos. Não se constituem em substância, mas em processos do *self*, visto que o *self* pode ser entendido mais como um processo simbólico, que se desenvolve pela internalização dos gestos e símbolos linguísticos, do que como uma substância dada. O "eu" e o "mim" são partes de um todo, conformando uma unidade do *self*.

> A separação do "eu" e do "mim" não é fictícia. Eles não são idênticos porque, como tenho dito, o "eu" é algo nunca inteiramente calculável. O

[14] Essa é a analogia utilizada por Honneth (2003, p. 130) para explicar a relação entre o "eu" e o "mim" na teoria de Mead.

> "mim" exige certa classe de "eu", na medida em que cumprimos com as obrigações que se dão na conduta mesma, porém o "eu" é sempre algo distinto do que exige a situação mesma. De modo que sempre há essa distinção, se assim se prefere, entre o "eu" e o "mim". O "eu" provoca o "mim" ao mesmo tempo em que reage a ele. Tomados conjuntamente, constituem uma personalidade tal como aparece na experiência social. O *self* é essencialmente um processo social que se efetiva a partir dessas duas fases distintas. Se não possuísse tais fases, não poderia existir a responsabilidade consciente e não haveria nada novo na experiência (Mead, 1992, p. 178).

Através da contraposição do "eu" e do "mim", Mead procura balancear a relevância das dimensões social e subjetiva no processo de estruturação da personalidade. Com isso, também resguarda a possibilidade da novidade, da criação e recriação de si e da comunidade e, ao mesmo tempo, exclui qualquer tendência ao determinismo social. Fica também protegida a responsabilidade de cada ser humano em relação aos seus próprios atos. Em outros termos, somente pode ser imputável o sujeito que tem liberdade e possibilidade de escolha numa situação dada.

CAPÍTULO III

Educação, democracia e sociedade

Neste capítulo, temos como principal objetivo apresentar a visão de G. H. Mead acerca da educação e da formação à vida democrática, bem como da possiblidade de construção e de reconstrução do *self* e da sociedade por meio de processos de aprendizagem evolutivos. Faremos isso estabelecendo relação entre a teoria educacional, presente nos escritos de Mead, e os principais conceitos presentes em sua obra, anteriormente destacados.

A educação possui, para Mead, um caráter social, consistindo num processo interativo e simbólico, por meio do qual os educandos respondem a uma situação organizada de aprendizagem. No texto denominado "The Psychology of Social Consciousness Implied in Instruction" (Mead, 1981, p. 114-122), ele expõe sua percepção quanto ao fundamento social da educação ao afirmar que "a situação implicada na instrução, e na psicologia dessa instrução, é uma situação social" (p. 116). O princípio fundamental da educação respeita a concepção teórica de que a intersubjetividade precede e constitui a subjetividade, ou, nas palavras de Mead (p. 122), "a criança não se torna social pela aprendizagem; ela deve ser social para aprender". Essa precedência impactou a visão teórica vigente na época de Mead, mostrando-se também fecunda para analisarmos o papel da educação em nossos dias.

De acordo com Mead, das relações e interações sociais origina-se o material para a formação criativa de conceitos e significados, tarefa fundamental da educação. Nessa perspectiva, a educação consiste num processo de criação ou de transformação de significados mediante a interação comunicativa de seus membros. No rol dos significados necessários a serem desenvolvidos, inclui-se a aprendizagem de um método de pensar, a emergência da consciência reflexiva e a internalização das atitudes e dos papéis sociais, que facultam ao indivíduo a formação de uma identidade de si mesmo. Ademais, a educação, ação interativa e simbólica, é compreendida por Mead em suas múltiplas dimensões, incluindo elementos psicológicos, intelectuais, racionais, afetivos e estéticos.

Como veremos na sequência, a instituição escolar possui, para Mead, um papel privilegiado enquanto espaço e tempo de socialização, de interação e de formação ou desenvolvimento das estruturas do eu. Ele faz várias referências ao papel da escola e à sua importância, especialmente enquanto espaço de interação simbólica a partir do qual é possível a criação e recriação de significados e conceitos, o desenvolvimento da consciência reflexiva e a aprendizagem de um método de pensar. Na escola, as atividades lúdicas, o brincar livre e o jogar de forma organizada configuram-se em situações e momentos ímpares à aprendizagem dos diversos papéis sociais disponíveis.

De modo geral, Mead criticou o modelo escolar tecnificado e hermético de sua época porque não explorava adequadamente o potencial das dimensões interativa, lúdica e estética como instâncias formativas. Essa crítica expôs um problema recorrente na sociedade americana do início do século XX e ainda presente hoje em algumas de nossas escolas, a saber:

a noção de que as ações escolares podem ser compreendidas sob a perspectiva das ações do mundo do trabalho industrial. Também é interessante notar que, fiel às convicções democráticas e participativas, Mead destacava a presença da família no ambiente escolar como elemento primordial, pois a escola e a família são instituições centrais à efetivação dos processos de socialização e de individuação.

Essas primeiras concepções, acima expostas, sinalizam o modo distinto a partir do qual Mead concebeu o processo formativo do ser humano, considerando o destaque atribuído à interação, à construção coletiva de significados e à mediação simbólica. Tendo presente esses indícios teóricos, abordaremos num primeiro momento o que Mead compreende por educação e por processos formativos. Na sequência, apresentaremos o que Mead compreende por uma formação democrática e a possibilidade aventada por esse autor de construção e reconstrução simultânea do *self* e da sociedade.

A educação e os processos formativos em G. H. Mead

Queremos apresentar, neste momento, as principais concepções educacionais, ou o que poderíamos denominar de teoria da educação, presentes na obra de G. H. Mead. Centraremos nossa abordagem notadamente no que se refere ao papel da educação e dos processos formativos escolares, bem como na importância atribuída por Mead à interação e à dimensão lúdica na gênese dos significados, na formação moral e no desenvolvimento de um modo de pensar e de agir.

Como temos constatado, uma das principais concepções conceituais da obra de Mead consiste na centralidade por ele atribuída à intersubjetividade ou dimensão social da vida humana. A vida humana tem sua origem na interação e na participação ativa dos diversos sujeitos em projetos comuns. No modo de vida humana, a intersubjetividade precede e constitui a subjetividade, pois a consciência reflexiva, o pensamento e o próprio *self* emergem a partir de processos de socialização individuadora. O ser humano consiste num organismo capaz de interagir simbolicamente com os outros, com o mundo e consigo mesmo. Por isso, podemos afirmar que o ser humano é um ser em contínuo processo de formação e de aprendizagem, que não possui uma identidade estanque, mas que a configura a partir da interação e da ação cooperativa no mundo social.

Entendemos que abordar o tema da formação humana implica esclarecer, no modo como concebemos a educação e os seus processos, o impacto da afirmação de que a intersubjetividade precede e constitui a subjetividade. Ou seja, torna-se fundamental elucidar a forma pela qual é possível compreender a educação sob a ótica da intersubjetividade e dos processos de interação social. Além disso, pressupõe avaliar o alcance da hipótese de que a educação pode desempenhar um papel privilegiado enquanto espaço e tempo de socialização e de desenvolvimento das estruturas do eu, de modo que possam ser efetivados processos de formação para a cidadania democrática, de formação moral e o desenvolvimento de um método de pensar.

De modo geral, em relação à educação, podemos afirmar, consoante a Charles Morris, que

> [...] os trabalhos de Mead sobre educação enfatizam cinco pontos: 1) a importância da escola na aquisição de significações comuns, de ferramentas linguísticas comuns; 2) o lugar da ciência

> no currículo; 3) a necessidade de atividades de manipulação, que respondam ao sentido da realidade, nas fases de contato do ato; 4) a significação do brincar enquanto provedor do material para a adoção dos papéis dos outros, papéis com os quais o *self* se constitui; 5) o dever que tem a escola de construir pessoas morais (Morris, 1992, p. xxxiv).

Ressaltamos que os escritos e o pensamento de Mead, por muitos anos desconhecidos no campo da teoria educacional, vêm sendo redescobertos e revisitados pelos pesquisadores da área da educação, apresentando interessantes chaves de leitura e de interpretação dos processos de ensino e de aprendizagem, dos focos e acentos necessários à educação formal e dos pressupostos necessários à formação das novas gerações. Embora Mead não tenha escrito um tratado sistemático sobre teoria educacional, seus artigos e a transcrição de suas aulas de Filosofia da Educação, na Universidade de Chicago, conformam um corpo teórico que contém vários *insights* originais.[15] Nessas aulas, Mead dá destaque especial a três elementos, que, sincronizados e conjuntamente, conformam um olhar diferenciado acerca da educação: a importância da dimensão social e da organização da vida da comunidade nos processos formativos, com seus valores, ritos de iniciação e de transmissão dos conteúdos culturais; a linguagem enquanto interação social e campo de produção e de reprodução de significados, de sentidos e

---

[15] Nos referimos, neste momento, à obra *The Philosophy of Education* (MEAD, 2008), organizada e introduzida por Gert Biesta e Daniel Tröhler. Trata-se de uma coletânea de 38 aulas do curso de Filosofia da Educação proferidas por G. H. Mead, na Universidade de Chicago, nos anos 1910 e 1911, transcritas por uma das alunas que assistiu ao curso (BIESTA; TRÖHLER, 2008, p. 3-4).

de conceitos; o processo de formação dos significados e, correlativamente, da consciência de si mesmo.[16]

Levando em conta os elementos anteriormente apresentados, escolhemos discorrer acerca de alguns pontos teóricos que consideramos centrais na concepção educacional de Mead, a saber: a educação, a interação, a socialização e o processo de formação de significados; a dimensão lúdica do aprender: o brincar e o jogar como instâncias de formação; a formação moral e a formação para a cidadania democrática; a iniciação científica, o método de pensar e o papel da ciência na educação.

Educação, interação e o processo de formação de significados

A educação escolar, enquanto ação interativa, simbólica e intencional, tem para Mead uma função social primordial, consistindo numa resposta organizada da comunidade humana com vistas à sua manutenção e ao seu processo evolutivo. Trata-se da possibilidade de uma sociedade específica ensinar aos seus novos membros uma forma de resolver os problemas concretos de seu mundo, tanto na esfera da cultura e da ciência quanto da convivência e da participação democrática. Para tal, o grupo humano lança mão da instituição educacional, um instrumento privilegiado para a formação e a aprendizagem de significados, a socialização e a estabilização de identidades pessoais, bem como o desenvolvimento dos indivíduos e da sociedade.

Ao anunciar a ementa de seu curso de Filosofia da Educação, Mead afirma que sua intenção era tratar

[16] A aula 38 do curso de Filosofia da Educação apresenta uma retomada e uma síntese desses três elementos citados (MEAD, 2008, p. 177-178).

do problema da socialização gradual da criança e das implicações que a educação tinha nesse processo. Para tanto, uma das primeiras tarefas era recolocar uma concepção social de educação que reconhecesse a criança e a sociedade, ao mesmo tempo, sob o prisma da comunicação e da construção social de significados.[17] Numa de suas aulas, Mead refere-se a essa tarefa afirmando que o ponto central para uma filosofia da educação consistia em reconhecer a função da comunicação na educação, bem como a importância da educação na comunicação, especialmente no que tange à criação ou produção de significados (Mead, 2008, p. 79). Disso decorre a afirmação de que a educação também implica um processo criativo de formação de significados mediante a comunicação e a interação social.

Na educação, a criação de significados é possível através da interação e da resposta do educando a uma atitude, ação ou papel do outro, pois "a consciência de significados surge somente na interação com os outros" (Mead, 2008, p. 152) e à medida que o aprendiz reage às atitudes e aos gestos do interlocutor. Não se trata da ação de "descobrir" ou de "passar" um significado de um sujeito para o outro, do educador ao educando, mas de um processo criativo, de construção comunicativa e dialógica de conceitos comuns, que necessita ser organizado no espaço escolar. É o educando que cria significados através da interação comunicativa e das relações pedagógicas que se estabelecem no espaço e no tempo escolar, pois "a educação é intercâmbio de ideias, é conversação, ambas pertencentes ao universo do discurso" (Mead, 1981, p. 118). O

[17] Conforme extrato do Registro Anual da Universidade de Chicago, para os anos de 1905-1906, presente em Biesta e Tröhler (2008, p. 4-5).

educando cria significados mediante suas reações e respostas às situações de aprendizagem com as quais é confrontado, desafiado ou instigado, por meio da ação mediadora do educador.

Visto que o processo de formação dos significados é social e depende de situações de interação e de comunicação entre os sujeitos da educação, a organização das situações e dos espaços de aprendizagem torna-se fundamental. Por conseguinte, a escola necessita prover currículos e metodologias que privilegiem a criação de significados através da interação, da mediação pedagógica e das experiências significativas. A organização das situações interativas se relaciona com os processos de mediação simbólica e com o modo através do qual os estímulos educacionais (livros, artefatos educativos, situações e técnicas de ensino e de aprendizagem, dentre outros) são propostos às crianças. Além disso, a escola necessita auxiliar na organização das respostas das crianças aos estímulos apresentados, visto ser uma de suas funções facilitar a criação ou ressignificação de conceitos. Ou seja, o papel do educador também inclui mediar e desafiar os educandos para que reflitam e respondam aos estímulos de modo cada vez mais qualificado, tornando possível a emergência de novos conceitos ou de uma consciência de significados diferenciada.[18]

A noção de que a criação de significados e a formação de conceitos ocorrem mediante processos que implicam a resposta do educando, a mediação pedagógica do educador e a organização de um currículo que privilegie práticas educativas nas quais os

[18] É importante ressaltar que o termo "consciência de significado" corresponde, em muitas passagens dos escritos de Mead, ao termo "conceito".

educandos participem ativamente expõe a clara distinção entre o que Mead denomina de "velha educação" e "educação atual".[19] Para Mead, a "velha educação" negligencia a participação criativa da criança no processo de aprendizagem, pois privilegia a disciplina e a associação de ideias abstratas e descontextualizadas em detrimento do contato direto da criança com objetos, com experiências e vivências pedagógicas. Por outro lado, a "educação atual" necessária é aquela que possibilita experiências concretas, pois é através do contato direto com os objetos e com o mundo que os processos de reflexão e de abstração se originam. Além disso, é na prática interativa que se funda a possibilidade de cooperação e de coordenação das ações dos diversos sujeitos envolvidos nos processos de ensino e de aprendizagem.

> O que se torna claro com essa concepção social de educação é que Mead retorna, repetidas vezes, à situação social, à situação de cooperação e de coordenação social, como a matriz de toda educação. É a matriz através da qual ele compreende a educação enquanto um processo de comunicação de significados. É também a matriz que representa a emergência da consciência reflexiva. Nós podemos ver, em tudo isso, uma teoria da educação na qual a criança não é, simplesmente, o lado receptor do processo. A educação não consiste em transferência de significados do professor ao estudante, dos pais às crianças, da geração atual às próximas gerações. A educação é um processo de

---

[19] O termo empregado por Mead (2008, p. 92) é *old education,* em oposição a *our education*. A crítica se dirige especialmente aos seguidores da pedagogia de Herbart, "os quais possuem uma percepção apenas da dimensão intelectual do ensino, sem perceber a natureza e a base social do mesmo" (p. 174).

> comunicação no qual as crianças são muito mais criadoras de significados do que o são os adultos. Para Mead, as crianças não são um recipiente vazio que deve ser preenchido. As crianças são, em última instância, a fonte de renovação e de novos significados (Biesta; Tröhler, 2008, p. 8).

Além disso, Mead concebe a escola como uma instituição social, visto que uma instituição "representa uma resposta comum por parte de todos os membros de uma comunidade a uma situação particular" (Mead, 1992, p. 261). Sem as instituições sociais, especialmente sem a existência da classe de atividades e de atitudes organizadas que elas representam, não poderiam existir pessoas no sentido estrito do termo, nem mesmo uma comunidade humana organizada. As instituições, dentre as quais a escola, constituem parte vital na evolução do indivíduo e da sociedade, pois se referem às manifestações formais do processo evolutivo, no qual são fundamentais a adoção, por parte de cada pessoa individualmente, da série de respostas e atitudes do grupo social.

> A incorporação de dita resposta social no indivíduo constitui o processo de educação, que se apropria, em forma mais ou menos abstrata, dos meios culturais da comunidade. A educação é, sem dúvida, o processo de incorporar aos próprios estímulos certa série de respostas organizadas; e até que alguém não possa responder ante si mesmo como a comunidade reage diante dele, não pertence legitimamente à comunidade (Mead, 1992, p. 264-265).

A escola compartilha, igualmente, a função de garantir a integração social mediante os processos de socialização que ocorrem no seu espaço. A formação para a cidadania e para a participação democrática também deve constar no rol das suas atribuições.

> A escola é o mais importante instrumento de que dispõe uma comunidade se ela realmente quiser dotar seus jovens das aptidões cognitivas e morais necessárias para o exercício esclarecido da cidadania. Um cidadão atuante é um indivíduo capaz de enfrentar com racionalidade os problemas sociais, de levar em consideração todos os valores em jogo e de ser capaz de reconstruir essa situação problemática transcendendo a ordem específica da sociedade em que vive (Silva, 2009, p. 197).

Diferente de outras classes de animais, o ser humano, devido ao longo período de infância, necessita que se organizem processos que objetivem o cuidado, a proteção e o ensino aos novos membros do grupo social. A educação, nesse sentido, emerge enquanto elemento essencial da organização e da manutenção da vida social de cada um dos indivíduos e também dos distintos grupos sociais. Ao nascer, a criança não possui os instintos de sobrevivência já presentes em outras espécies, o que denota a necessidade de que as gerações adultas adaptem e organizem processos de ensino que capacitem aos novos a sobreviverem, reagirem, adaptarem-se ao mundo em que estão adentrando. É nítido, pois, nos textos de Mead, a centralidade do papel da intersubjetividade e da interação enquanto instâncias formativas.

Seguindo essa mesma linha de argumentação, Biesta (1998, p. 93) afirma que "a principal conclusão pedagógica a ser extraída dos escritos de Mead é o argumento de que educação é interação social". Essa afirmação centra-se na importância atribuída à dimensão social e ao processo de socialização individuadora presentes nos seus escritos. Ou seja, é no convívio social que a identidade do "eu" pode ser moldada, visto que a situação social é condição para a emergência da consciência, da racionalidade e do *self*. Nesse sentido, o espaço-tempo escolar possuiu significado fundamental, uma vez que, em determinados casos, consiste num primeiro exercício de ampliação do horizonte de convivência e de relação social da criança. Normalmente, isso pode ser verificado no caso do ingresso de uma criança na educação Infantil, fato que amplia o quadro das suas relações para além daquelas do grupo familiar, configurando-se num autêntico exercício de interação e de socialização.

Como temos visto, a importância da instituição escolar e dos processos educacionais organizados e colocados em prática no ambiente escolar coadunam-se, em Mead, à centralidade da concepção intersubjetiva da constituição do eu e da sociedade. Nesse sentido, cabe retomar a hipótese de que todos nós somos inscritos numa matriz intersubjetiva e interativa. Essa "situação social" consiste numa pré-condição à emergência da consciência e do *self*, uma experiência concreta na qual cada indivíduo se encontra desde sempre e da qual não pode fugir. Desse modo, o espaço-tempo escolar ganha destaque na medida em que, através de processos interativos e comunicativos, cada qual tem a possibilidade de internalizar os papéis e atitudes dos outros e de desenvolver criativamente as estruturas do *self*.

Podemos perceber, com isso, que a escola possui, para Mead, função especial no desenvolvimento da identidade individual dos sujeitos, pois pode auxiliar no autoentendimento e no desenvolvimento de uma identidade pessoal. Nesse sentido, afirma Joas (1998, p. 246): "somente com o desenvolvimento das capacidades comunicativas se torna possível uma relação do agente consigo mesmo; dito desenvolvimento se torna condição também para o progresso cognitivo, na medida em que os ganhos cognitivos mais importantes pressupõem essa mesma relação". Assim, podemos entender que a escola tem papel preponderante no desenvolvimento do *self* e, da mesma forma, que essa modalidade de formação do "eu" perpassa pela consideração das demandas de formação cognitiva, moral, estética e política.

É interessante notar que Mead, fiel às convicções democráticas, também destaca a participação da família no ambiente escolar como elemento central. A escola e a família constituem espaços de socialização e de individuação primordiais no desenvolvimento dos novos cidadãos. Elas representam instâncias formativas que necessitam atuar em unidade em prol do desenvolvimento dos sujeitos.

A dimensão lúdica do aprender: o brincar e o jogar como instâncias de formação

Nos escritos de Mead, podemos perceber que as atividades lúdicas, como o brincar livre (*play*) e o jogar de forma organizada (*game*), configuram-se em situações arquetípicas da formação e do desenvolvimento do *self*. A importância atribuída à ludicidade decorre da centralidade atribuída por Mead aos gestos e às situações interativas espontâneas, características da fase infantil da criança e presentes, sobremaneira, nas atividades lúdicas. O brincar e o jogar são considerados por Mead desde a perspectiva de seus efeitos socializadores, desde o plano a partir do qual o indivíduo, diante das diversas interações a que é submetido, responde às ações e aos papéis sociais disponíveis e, ao mesmo tempo, desenvolve um progressivo senso de consciência de si mesmo.

Para Mead (2006, p. 24), "o brincar consiste na essência do ato da criança", pois no agir infantil, diferente do agir adulto, preponderam as dimensões afetivas e estéticas do ato, em detrimento da dimensão intelectual. Com isso, não estamos desvalorizando a ação infantil, apenas salientamos que a realidade é aprendida, elaborada e vivida desde uma perspectiva diferenciada por parte da criança, desde um ponto de vista que, para ser mais bem compreendido, pode ser associado às situações lúdicas.

Mary Jo Deegan concorda com a posição central atribuída ao brincar na obra de Mead, afirmando que:

> [...] o brincar tem um papel decisivo no comportamento da criança, sendo mais do que um estágio no desenvolvimento do *self.* O brincar é uma organizada e identificável atividade humana que começa na infância, sendo necessária no transcorrer de toda a vida. Tem um papel fundamental na infância, na conexão entre as emoções, o estético e as atitudes, em direção à sociedade. Ele permite que os símbolos se transformem em significado e comportamento (Deegan, 2006, p. lvi).

O brincar espontâneo e o agir livre são compreendidos enquanto instâncias de formação e de desenvolvimento pessoal desde as fases iniciais da educação. De acordo com Mead, a dimensão lúdica consiste num princípio-chave que necessita ser incorporado à vida escolar, pois mediante as atividades lúdicas, como as brincadeiras e os jogos, é possível a internalização dos diversos papéis sociais disponíveis. O brincar e o jogar são instâncias fundamentais para a interação e, por consequência, para o processo de socialização. Em outros termos, o brincar consiste no princípio a partir do qual a educação deve ser conduzida.

> Com referência ao brincar, enquanto princípio a partir do qual a educação deveria ser conduzida, nós não entendemos que a criança deveria ser abandonada à própria influência em relação a si mesma, mas que nós deveríamos organizar esses estímulos para que eles respondam ao crescimento natural do organismo da criança, tanto com relação aos objetos pelos quais se interessa quanto nas relações que ela possui com os outros no processo de vida que ela tem de pôr em prática (Mead, 2006, p. 42).

Ao afirmar o papel central da dimensão lúdica na infância, Mead apresenta uma crítica contundente ao modelo escolar da sua época. Ele percebia que se tratava de um modelo tecnificado e por demais hermético, que não explorava adequadamente as dimensões lúdica e estética enquanto momentos formativos primordiais. A concepção educacional vigente estava mais alinhada ao modelo do mundo do trabalho do que a uma compreensão que abarcasse integralmente a vida da criança, com atenção especial ao brincar. Mead defendia um método educativo de estimulação natural, no qual os interesses estivessem direcionados aos objetos em si mesmos e não aos fins, como no caso do trabalho e da técnica.[20]

O brincar, junto com o trabalho e a arte, enquadra-se no rol das atividades significativas da vida humana. Distingue-se de ambos pela absoluta espontaneidade e fascinação no imaginário da criança, não

[20] Mead (2006), especialmente os capítulos "The Kindergarten and Play" (p. 23-32) e "The Relation of Play to Education" (p. 31-42).

necessitando ser elevado à consciência para ter valor em si, pois "a completa espontaneidade, a fascinação e o valor do brincar estariam perdidos se cada elemento fosse levado à consciência da criança" (Mead, 2006, p. 34). Por isso, o princípio do trabalho não pode ser aplicado como um modelo nos primeiros anos da infância, sob pena de sabotarmos a criatividade e a espontaneidade das crianças.

> Na opinião dele [Mead], a escola devia adotar a noção do brincar como princípio-chave, no sentido de que os estímulos provocados pelos objetos do ambiente devem ser dispostos de maneira a responderem ao desenvolvimento natural do organismo das crianças, tanto com respeito aos objetos pelos quais elas sucessivamente vão adquirindo interesse quanto com as relações recíprocas que cada uma terá de levar adiante no processo de viver (Silva, 2009, p. 189).

O brincar é um princípio natural do desenvolvimento dos indivíduos, inclusive de outros animais não humanos. Por isso, é importante que a escola proponha um método de estimulação natural da criança, no qual os interesses estejam direcionados aos objetos em si mesmos e não nos fins que representam. O brincar se justifica, na educação inicial, por si mesmo, não sendo a educação uma técnica, tampouco uma fase de preparação para o trabalho. A educação tem um papel fundamental na passagem da infância para a vida adulta. Muito além da perspectiva do trabalho, da organização e da disciplina, o brincar possibilita o desenvolvimento da criatividade e do espírito de cooperação do grupo, tanto na criança quanto no adulto.

A formação moral e a questão da cidadania democrática

Como já foi destacado anteriormente, a matriz conceitual de Mead reconhece que a vida da espécie humana evoluiu, se diferenciou e se manteve graças à interação e à participação dos indivíduos em projetos comuns. O modelo de ação e de racionalidade intuído por Mead liga-se à necessidade concreta de resolução dos problemas quotidianos que emergem na vida da comunidade no nível da cultura, da vida prática e da vida material. Nesse cenário, a educação emerge como uma resposta organizada da comunidade à questão de como ensinar aos seus novos membros o modo mais adequado para a resolução dos problemas concretos das diversas dimensões da vida. Em outros termos, a educação consiste num processo mediante o qual as crianças e os jovens são introduzidos na vida da comunidade e, ao mesmo tempo em que passam por um processo de socialização, tornam-se indivíduos e membros daquele grupo específico.

No nível material da vida, as soluções encontradas possuem um cunho mais técnico, implicando, principalmente, a resolução do problema de como manter as condições de subsistência do grupo humano. As soluções educacionais encontradas normalmente alinham-se às buscas das melhores técnicas de produção de alimentos, às pesquisas relacionadas à saúde e ao bem-estar físico, ao desenvolvimento tecnológico, entre outros.

No nível da cultura, destacam-se os processos de apropriação e de reconstrução dos saberes disponíveis. Há uma ênfase, em Mead, na capacitação dos educandos para o uso do método científico, algo que compreendemos como sendo derivado da força do conceito de método experimental. Trata-se, basicamente, do tema da iniciação científica e do desenvolvimento da capacidade de utilizar-se da ciência e do método experimental na resolução dos problemas concretos da vida.

No campo da vida prática, sem sombra de dúvidas, residem problemas formativos que requerem uma atenção especial. Na filosofia da educação de G. H. Mead, os temas da formação moral e da cidadania democrática são fundamentais e possuem importante papel, pois "a escola é o mais importante instrumento disponível à comunidade para prover os membros jovens das habilidades cognitivas e morais necessárias ao exercício esclarecido da cidadania" (Silva, 2010, p. 189). Desse modo, formar moralmente as novas gerações e capacitá-las à vida numa sociedade democrática são objetivos educacionais e sociais de primeira grandeza.

Por formação moral, Mead compreende o processo de desenvolvimento de uma consciência moral e da capacidade de discernimento prático. Somente com a emergência de uma competência moral do sujeito, será possível a vivência consciente da cidadania, inclusive nas atividades particulares. Desse argumento, emana a estreita ligação entre competência moral, ação democrática e educação.

A teoria ética de Mead implica a concepção de que o ser humano é um ser social que desenvolve a própria personalidade (*self*) mediante processos interativos de comunicação, de participação e de interdependência com outros seres humanos do grupo social. Os juízos morais são possíveis mediante a consciência da interdependência social, da análise dos motivos que levam à ação, do discernimento da validade social dos pressupostos práticos e da possibilidade de universalização da ação individual, uma vez que, para Mead, somente pode ser considerada justificada a ação que levar em conta os interesses de todos os envolvidos.

De acordo com Mead, os motivos de nossas ações individuais se encontram nos impulsos que nos levam à ação. São esses impulsos que orientam as metas ou os fins que atribuímos às nossas condutas. Os melhores fins são aqueles que reforçam os impulsos ou motivos. Nesse sentido, a questão do discernimento moral pressupõe a determinação da classe de fins que orientam nosso agir. O agir moral legítimo será possível quando forem esclarecidas as condições mediante as quais uma determinada ação será efetivada.

> A norma ética do pragmatismo meadiano é, pois, um requerimento relativo à necessidade de que os impulsos de ação se convertam em motivos esclarecidos em função do conhecimento das condições concretas (intersubjetivas) nas quais as atividades hão de se expressar e das consequências prováveis que acarretará a atuação nessas condições (Sánchez De La Yncera, 1991, p. 156).

Numa ação moral, o conteúdo que realmente prepondera enquanto impulso ou motivo deverá ser sempre aquele que reforça a pertença e os impulsos comunitários. A partir disso, podemos entender que "todas as coisas que valem a pena são experiências compartilhadas" (Mead, 1992, p. 385). Ou seja, o princípio de orientação será sempre o caráter social dos conteúdos em discussão.

> Somente na medida em que alguém pode identificar com o bem comum seu próprio motivo e o fim que realmente persegue, somente nessa medida poderá chegar à meta moral e, assim, alcançar a felicidade moral. Assim como a natureza humana é essencialmente social em caráter, do mesmo modo os fins morais devem ser também sociais em sua natureza (Mead, 1992, p. 385).

Mediante o reconhecimento de que nossa moralidade coaduna-se com nossa natureza social, passamos a entender que os fins justificáveis ou os fins bons, sob o prisma moral, são aqueles que conduzem à realização do ser humano enquanto ser social. Na conduta moral, não podemos separar a pessoa da sociedade. Ambas são complementares e mutuamente dependentes. Ou seja, a sociedade torna possível a emergência da pessoa enquanto *self*, enquanto ser individuado, único, responsável e autônomo. A pessoa, por seu turno, torna possível a existência da sociedade mediante a participação e a organização de suas instituições.

> Em nossa conduta reflexiva, estamos sempre reconstruindo a sociedade imediata à qual pertencemos. Adotamos certas atitudes definidas, que envolvem relações com outros. Na medida em que tais relações são modificadas, a sociedade mesma é modificada. Estamos reconstruindo continuamente. Quando se chega ao problema da reconstrução, há uma demanda essencial: que todos os interesses envolvidos sejam levados em conta. Uma pessoa deve atuar com referência a todos os interesses envolvidos: isso é o que chamaríamos um "imperativo categórico" (Mead, 1992, p. 386).

Estabelecer quais os valores adequados, quais as normas justificáveis e quais os modos de ação aceitáveis implica colocar como prova de aceitabilidade de um juízo moral ou de uma decisão política a necessidade que sejam considerados todos os interesses envolvidos.

> Nos juízos morais temos que elaborar uma hipótese social e ninguém pode fazê-lo simplesmente desde seu próprio ponto de vista. Temos que olhar desde o ponto de vista de uma situação social. [...] Agora,

> se perguntarmos qual é a melhor hipótese, a única resposta que podemos oferecer é que deve levar em conta todos os interesses que estão envolvidos (Mead, 1992, p. 387).

As regras e os valores não podem ser estabelecidos antecipadamente enquanto um "dever ser", enquanto imperativos da razão prática. É necessário descobrir quais os valores envolvidos em cada situação concreta para poder agir racionalmente em relação a cada um deles. A ciência não pode estabelecer quais atos são justificáveis de modo *a priori*. O que é possível estabelecer é um modo, um método para analisar os atos e todos os valores nele envolvidos.

> Você não pode dizer a uma pessoa qual deverá ser a forma de seu ato como pode dizer a um cientista em que se tornarão seus feitos. O ato moral deve levar em conta todos os valores envolvidos, e deve ser racional – e isto é tudo o que pode dizer-se (Mead, 1992, p. 388).

Atuar, tendo como referência todos os interesses envolvidos, constitui-se no pressuposto a partir do qual todos os sujeitos devem orientar suas ações. Ultrapassar os próprios interesses é condição para que a pessoa evolua na capacidade de julgar e de agir de acordo com motivos cada vez mais universais. Nessa perspectiva, o egoísmo surge como característica de uma pessoa limitada, sem capacidade de olhar para além de si mesma. Nesse mesmo sentido, a formação da capacidade do julgar prático pressupõe considerar a inserção do indivíduo num processo que lhe garanta o desenvolvimento da competência de, ao emitir um juízo moral, levar em conta os interesses de todos os envolvidos na questão.

O progresso moral individual e social dá-se pelo combate dos interesses individuais frente aos interesses sociais. É nesse embate de construção e reconstrução de hipóteses, de justificativas e de novas perspectivas morais entre indivíduo e sociedade que se fundamenta a possibilidade de ambos evoluírem. A passagem das normas antigas para novas normas, mais adequadas ao grupo social e mais condizentes com as condições históricas, somente será possível pela "mediação de um novo tipo de indivíduo: alguém que concebe a si mesmo como não se concebiam os indivíduos no passado" (MEAD, 1992, p. 386). Vemos, desse modo, que o progresso social, a construção de identidades pessoais mais evoluídas e a organização da esfera social são interdependentes. Por isso, para Mead, "ambas as coisas são essenciais para a conduta moral: que exista uma organização social e que o indivíduo se conserve" (p. 389).

Desenvolver a capacidade de assumir a atitude do outro, o papel social do "outro generalizado", implica, de algum modo, no desenvolvimento da capacidade de articular ações cooperativas desde o interior das relações sociais. Mead não concebe o sujeito isolado, como um *self* ilhado. Ao contrário disso, concebe-o como um *self* em constante relação, individualizado porque socializado. O pré-requisito da participação e da cooperação dos sujeitos no todo social pressupõe o desenvolvimento progressivo de uma identidade pessoal mais autônoma. Para isso, a comunicação e o aumento da capacidade racional são indispensáveis. A escola, enquanto espaço de aprendizagem e de socialização, deve contribuir nesse processo, para que os sujeitos desenvolvam competência comunicativa e social e progridam para estágios mais avançados de individuação e de sociabilidade, sendo capazes de agir moralmente e de participar democraticamente na vida da comunidade.

Mead é contra modelos de formação meramente técnicos ou restritos ao mundo do trabalho. Embora reconheça necessidade da formação de mão de obra para a indústria, vê na divisão social existente – entre classe operária e classes "superiores" – uma barreira ao desenvolvimento e à democracia que necessita ser superada. A formação para a cidadania e para a participação social são pré-requisitos para a democracia, e a escola tem papel decisivo nessa questão, uma vez que a inclusão e a participação social de todos os membros do grupo, sob o prisma da igualdade, são princípios que balizam a integração social. De acordo com Silva (2010, p. 189), Mead entende que "a escola é o melhor meio de garantir a integração social", uma vez que a função de socialização realizada pelo processo de escolarização consiste em um dos fundamentos da educação, numa acepção pragmática. Além disso, através da escola, as crianças de todas as classes e origens sociais podem "adquirir as habilidades intelectuais e práticas necessárias ao exercício pleno da cidadania".

Esse exercício pleno da cidadania pressupõe uma vivência esclarecida da democracia, a partir da qual a violência e a coerção, sob o princípio da liberdade, são rejeitadas no espaço público em prol da força da argumentação e do discurso. E, para isso, a educação é fundamental. Ou seja, para que todos os indivíduos estejam aptos a participar conscientemente de um projeto comum de sociedade, faz-se necessário uma reconstrução contínua dos hábitos e da organização social. Tal processo de construção e reconstrução da tessitura social implica, necessariamente, um vínculo com a formação. Não se trata simplesmente de condicionar as novas gerações, mas de formar, no sentido estrito do termo, para o agir democrático, para a participação social e para o enfrentamento do individualismo, do egoísmo e do utilitarismo. E, nessa tarefa, a escola pode auxiliar de modo efetivo.

Iniciação científica, método de pensar e o papel da ciência na educação

Os temas da iniciação científica e da utilização de um método de pensar são facilmente identificados no corpo teórico de Mead, possuindo relação próxima com a educação e a ciência. Essa relação existe porque, para Mead, a ciência e a educação possuem uma ligação genética histórica, que não pode ser desconsiderada. Em uma de suas aulas de Filosofia da Educação, Mead abordou esse problema com a seguinte afirmação:

> [...] a ciência, teoria do método, é essencialmente educação. Educar é treinamento no método e, na medida em que a ciência se torna método, ela é educação. E, na medida em que a ciência toma consciência de si mesma, ela assume a forma de método (Mead, 2008, p. 163).

A educação, como a concebe Mead (2008, p. 168), não se reduz à formação de conceitos e de significados, mas inclui, também, "a introdução de um método de pensar". O significado do método, nesse caso, refere-se sobremaneira ao desenvolvimento, por parte da criança, de formas de pensar, de reagir e de posicionar-se diante da realidade, de modo que seja capaz de interagir e de resolver cooperativamente os problemas concretos que se apresentam no seu quotidiano.

A questão do ensino e da aprendizagem de um método de pensar é fundamental na teoria de Mead porque aproxima o campo científico do campo educacional. Dessa perspectiva, a educação e a ciência são instâncias fundamentais ao desenvolvimento da reflexão, da abstração e da consciência. Desenvolver a consciência reflexiva é tarefa essencial para a condição humana, visto que, a partir do nascimento, a criança humana, diferente de outras espécies de animais que possuem instintos para reagir diante de uma situação, necessita aprender a agir e a reagir. A consciência reflexiva implica a capacidade de construção consciente do objeto ao qual a criança poderá reagir. Essa construção é social, visto que a criança necessita ser ensinada, mediante a interação, a construir esses conceitos e a desenvolver uma consciência de significados.

Para Mead, ensinar um método de pensar – ou introduzir, mediante a interação, um modo comum de dialogar e de cooperar na busca por explicações, perguntas e respostas acerca do mundo e da existência – consiste numa tarefa fundamental da educação desde a Grécia antiga. A demanda por um método, no sentido amplo do termo, tanto para a educação quanto para a ciência, pode ser constatada desde os diálogos socráticos. Essa demanda, embora originária da investigação filosófica nascente e alheia à educação primitiva, aproximou esses dois campos de saber e de experiência, pois o exercício da ciência do pensar pressupunha certa classe específica de treinamento.

Mead (2008, p. 137) argumenta que, historicamente, a atitude científica deriva da educação, pois "o processo educativo é, essencialmente, o processo da ciência primitiva, e o processo da ciência primitiva continua a ser o processo da educação". Educação e ciência são complementares e essenciais uma para a outra. Enquanto a ciência envolve análise, interpretação e a possibilidade de construir um novo conceito acerca de algo, a educação, enquanto processo formativo, denota uma experiência existencial de formar-se a si mesmo ao mesmo tempo em que, através do exercício científico, as imagens de mundo e as opiniões anteriores são substituídas por outras mais atuais, mais adequadas e mais condizentes com a vida atual da comunidade.

Mead concebe a ciência enquanto uma atividade voltada à resolução dos problemas objetivos e sociais mediante a aplicação do método científico.[21] Isso nada mais é do que a aplicação sistemática da razão humana na resolução das situações problemáticas do mundo que aí está e que demandam uma intervenção organizada da coletividade. A aplicação do método científico não está restrita ao mundo objetivo, incluindo todas as esferas da vida social, como a ética, a política e, inclusive, o desenvolvimento da própria personalidade.

A concepção de ciência e de método científico em Mead é profícua, inclusive, para pensar no papel da escola. A ciência e o método científico deveriam ser a base a partir da qual seria possível formar para a resolução de problemas, formar trabalhadores para o mercado e para a indústria, formar os sujeitos para a participação democrática e formar para a capacidade

[21] O conceito de método científico possui várias conotações nos escritos de Mead. Em determinadas passagens, ele identifica-o com o método da ciência experimental; em outras, com o método da inteligência e com a aplicação da razão humana, em seu estágio mais evoluído, na resolução dos problemas do mundo que está aí. Além disso, Mead relaciona o método científico ao processo evolucionário que se tornou consciente, com forte valorização do presente frente ao passado e ao futuro. De acordo com Silva (2009, p. 99), "para Mead e os pragmatistas, o método da ciência experimental é a aplicação mais sistemática e desenvolvida da inteligência humana à resolução de problemas em segmentos específicos do mundo incontestado no qual vivemos. Mas esse entendimento [...] não coincide com a visão positivista do método científico, segundo a qual o modelo metodológico das ciências naturais é o paradigma para todas as outras disciplinas científicas".

de julgar moralmente. Desse modo, a ciência, através do método, estaria a serviço da política, da ética e do desenvolvimento da personalidade.

Essa perspectiva é igualmente rica para refletirmos sobre o papel do educador. Mead entende que cabe ao educador selecionar adequadamente os problemas necessários às aprendizagens em diferentes níveis, como o social, o emocional e o intelectual, bem como auxiliar aos educandos para que "atendam, considerem, experimentem e coordenem a variedade de perspectivas que são estimuladas a partir desses problemas" (Martin, 2007, p. 438), quer na consideração dos mesmos, quer na discussão e na busca de possíveis soluções. Ao educador cabe também a função de mediar o acesso e a experiência efetiva dos alunos diante do problema, das suas múltiplas perspectivas e das consequentes possibilidades de resolução. Trata-se de mediar um processo de reflexão e de experiência que leve em conta as múltiplas perspectivas do problema apresentado, as inúmeras interpretações do mesmo, as possíveis considerações e as alternativas existentes para ele.

Em relação ao processo reflexivo, é premente recordar que, para Mead, ele não é somente fruto da razão, em sua acepção monológica. O ato de pensar inclui, como vimos anteriormente, os estágios emocional, estético e intelectual. Para o cenário educacional, essa concepção é importante, visto que recoloca as dimensões afetiva e estética no processo da consciência reflexiva enquanto instâncias do conhecimento e da ação.

O processo de desenvolvimento da consciência reflexiva principia pelo estágio afetivo, através do qual o sujeito é, literalmente, afetado ou sensibilizado por uma percepção imediata dos objetos ou das situações do mundo objetivo e social, criando-se uma inibição das respostas por parte da consciência. Isso implica afirmar que, do ponto de vista da educação, os estímulos pedagógicos são sentidos pelos educandos, inicialmente, via dimensão afetiva. Desse modo, podemos afirmar que as ações pedagógicas serão mais eficientes se conseguirem, num primeiro momento, afetar, chamar a atenção, despertar o interesse, criar uma situação de desconforto e de desacomodação do educando em relação ao objeto ou situação dada. Trata-se, pois, do primeiro choque de realidade, de uma percepção imediata, que é provocado pelo contato direto da criança com os estímulos pedagógicos. Sob esse prisma, a escolha e a variedade dos estímulos pedagógicos é central para despertar a atenção e motivar para a aprendizagem.

A dimensão estética do processo reflexivo da consciência é amplamente abordada por Mead nas aulas e nos seus escritos. Ela é a responsável por acolher os estímulos dos sentidos para a posterior fase da análise intelectual. Para Mead (2008, p. 66), o sentido estético ou "o senso do todo é precioso para a educação", pois estabelece a ponte entre a sensibilidade e a ação intelectual da consciência.

O momento posterior, de análise dos dados oriundos dos sentidos e da experiência estética, é denominado, por Mead, de estágio intelectual. Trata-se de um processo de pensamento sobre o objeto ou sobre a situação. Entretanto, convém destacar que essa atitude de analisar ou de dissecar um objeto ou situação para, posteriormente, reconstruí-lo como um todo, com sentidos e perspectivas renovadas, característica marcante da fase intelectual, não se origina de uma consciência solipsista, mas consiste num processo aprendido socialmente. Por isso, para Mead (2008, p. 85), "o processo de pensamento é dependente da interação" que se estabelece entre os diversos sujeitos sociais, especialmente das primeiras interações simbólicas que se estabelecem entre pais e filhos.

Se o pensar e, especificamente, a capacidade de analisar um objeto ou situação, denominada de fase intelectual, tem sua origem na interação simbólica e pressupõe um processo de aprendizagem por parte da criança, podemos afirmar, sem sombra de dúvidas, que a educação ocupa um papel importante no desenvolvimento do pensamento reflexivo. Geneticamente, a aprendizagem está representada pela relação entre pais e filhos. Essa relação de aprendizagem não é reduzida apenas aos progenitores, mas a todas as interações simbólicas que a criança estabelece na fase inicial da vida. Ou seja, a relação entre pais e filhos é um ícone das relações simbólicas que as crianças estabelecem com outros componentes da sociedade adulta. Por isso, ela consiste numa relação pedagógica, num processo educativo, visto que os adultos, ao auxiliarem e interagirem com as crianças, partilham de um mundo comum, um mundo de ideias, de conceitos, de cultura e de linguagem, que possibilita a aprendizagem e o desenvolvimento do eu. Nesse sentido, Mead afirma:

> No campo social, no campo do pensamento reflexivo, a educação ocupa um lugar importante. Geneticamente, ela representa a relação de pais e filhos, uma relação que não está confinada aos progenitores imediatos, mas à atitude que todos possuem em direção à criança e a atitude que toda criança possui em direção aos adultos. [...] A educação pode e, certamente, em seu início, está identificada com o processo de cuidado e de transmissão de ideias através da fala (Mead, 2008, p. 88-89).

É a geração adulta que, mediante os processos educativos, conta a história do mundo, as próprias experiências existenciais e ajusta o mundo para as novas gerações. Essa ação pedagógica de constituir e de narrar o mundo está presente, há muito tempo, na transmissão dos mitos, nos ritos de iniciação e até mesmo na ciência. E essa transmissão não ocorre somente pela via intelectual, mas de maneira especial pela experiência. Desse modo, podemos perceber que, desde a perspectiva que nos aponta a obra de Mead, a educação não pode se preocupar apenas com os elementos da dimensão intelectual. É necessário considerar as dimensões estética e interativa da educação, uma vez que os conceitos não são produtos oriundos unicamente de um processo intelectual, mas pressupõem a interação e a ação do afeto e da sensibilidade.

Formação, participação democrática e possibilidade de reconstrução do *self* e da sociedade

Para Mead, a construção do *self* coaduna-se à necessária reconstrução do tecido social no qual o indivíduo é forjado e do qual participa ativamente. O argumento inverso também é adequado, uma vez que as modificações introduzidas na ordem social estabelecida, originadas nos procedimentos de interação, de participação e de cooperação, também implicam em processos de modificação nos próprios sujeitos. Por conseguinte, podemos afirmar que o processo de individuação mediante a linguagem é, simultaneamente, ontogenético e filogenético. Além disso, somente na medida em que os diversos sujeitos participarem ativamente da sociedade é que poderá emergir uma nova organização social. Da estreita interdependência, da cooperação e da participação efetiva na comunidade emerge a possibilidade da inovação social e da configuração de novos modos de autoentendimento pessoal.

Ontogenia, filogenia e projeção de uma comunidade ideal

O desenvolvimento do ser humano (indivíduo) e a evolução da sociedade (gênero) são compreendidos por Mead enquanto processos interdependentes, complementares e coetâneos com base simbólica. A comunicação é o principal elemento que distingue o indivíduo humano dos outros animais, bem como as formas de organização da sociedade humana das outras sociedades de vertebrados. Além do mais, através da interação comunicativa entre os diversos indivíduos do grupo social formam-se, respectivamente, as estruturas da personalidade e, ao mesmo tempo, as estruturas intersubjetivas da sociedade.

Com essa estratégica explicativa, Mead aproxima e articula as estruturas de formação da personalidade (ontogênese) dos processos de evolução da sociedade (filogênese). Trata-se de uma tentativa de explicação do processo de desenvolvimento da mente e do *self* dos indivíduos e da evolução das formas de organização e de integração da sociedade sob a perspectiva de uma homologia ontofilogenética. Mead (1992, p. 309) quer demonstrar que "as modificações que introduzimos na ordem social, na qual nos encontramos envolvidos, implicam necessariamente que introduzamos modificações em nós mesmos". Ele entende que os problemas, os desafios e os conflitos sociais de cada organização humana servem de combustível para a reconstrução das formas de integração social, de normatização e de organização da comunidade humana. Diante de uma situação problemática, é premente que os indivíduos busquem modificar, através de ações conscientes e inteligentes, a referida situação, no intuito de melhorar as condições de entendimento mútuo, de coexistência e de vida na sociedade. Esse processo de melhoria ou de evolução social pressupõe processos de reconstrução da personalidade dos próprios sujeitos sociais, fazendo emergir formas renovadas de autoentendimento, de participação cooperativa e de inserção social.

> Assim, as relações entre a reconstrução social e a reconstrução do *self* ou da personalidade são recíprocas e orgânicas ou internas; a reconstrução social pelos membros individuais de qualquer sociedade humana organizada envolve, em algum grau, a reconstrução do *self* ou da personalidade por parte de todos esses indivíduos, e vice-versa, pois uma vez que os *selves* e as personalidades estão constituídos por suas relações sociais organizadas entre si, eles não podem reconstruir esses *selves* ou personalidades sem reconstruir, em certa medida, a ordem social estabelecida. [...] Ou, em poucas palavras, a reconstrução social e a reconstrução do *self* ou da personalidade são os dois aspectos de um processo somente: o processo da evolução social humana (Mead, 1992, p. 309).

A partir da constatação de que ontogenia e filogenia são processos complementares, podemos afirmar que, da perspectiva dos processos de aprendizagem e de desenvolvimento, o indivíduo e a sociedade são indissociáveis.

> O grau de desenvolvimento do *self* depende, então, da amplitude das atitudes comuns que permitam uma determinada organização social; porém, também a organização plena da sociedade humana – sua efetiva vigência – depende completamente

> de sujeitos que possam orientar suas condutas e fundar suas consciências, suas autoestimas, na função que exercem dentro da "sociedade organizada" (Sánchez De La Yncera, 1994, p. 332).

A pessoa humana somente pode adquirir consciência de si, conformar-se num *self*, em um contexto comunitário. Ao mesmo tempo em que devota as suas potencialidades e dedica-se à causa da comunidade, poderá emergir uma nova consciência de si mesmo. Ao participar ativamente da vida comunitária, mediante cooperação e envolvimento, também abrirá a possibilidade de influenciar, enquanto "eu", na sociedade. Trata-se de um processo de mão dupla: o indivíduo, mediante a participação e a cooperação na vida social, converte-se em pessoa, em si mesmo, e, ao mesmo tempo, influencia e transforma a vida de toda a comunidade, tensionando-a para que se torne mais universalista.

> Frente ao "mim" está o "eu". O indivíduo não tem somente direitos, mas também deveres. Ele não é somente um cidadão, um membro da comunidade, mas também alguém que reage à dita comunidade, e sua reação a ela, como temos visto na conversação de gestos, modifica-a. O "eu"' é a resposta do indivíduo à atitude da comunidade, tal como dita atitude aparece em sua própria experiência. Por sua vez, sua reação a essa atitude organizada modifica a comunidade (Mead, 1992, p. 196).

Apesar de crer firmemente que o *self* e a mente humana são produtos do processo de socialização, Mead reconhece que as pessoas podem reagir diante de uma regra ou convenção social mediante o estabelecimento ou pressuposição de uma classe superior de comunidade, uma comunidade ideal. A figura da comunidade ideal, que transcende a ordem e a organização de uma determinada comunidade, representa uma antecipação da sociedade humana universal, na qual todos os indivíduos seriam possuidores de uma inteligência social aperfeiçoada, de uma identidade mais evoluída e, ao mesmo tempo, atuariam nas instâncias sociais desde uma perspectiva de interdependência e de cooperação. Em tal projeção de comunidade ideal, necessária enquanto antecipação das condições simétricas do discurso universal, encontrar-se-iam asseguradas as condições de possibilidade do entendimento, do discurso prático e da participação política.

Desde a perspectiva de uma comunidade ideal projetada, o "eu", enquanto instância de inovação e de criatividade, pode fazer frente ao "mim" das convenções sociais estruturadas, conformando uma espécie de força inovadora diante da tendência conservadora da sociedade. A possibilidade de transgressão das regras, de mudança das convenções e de evolução social implica, necessariamente, na desqualificação de qualquer forma de determinismo social. Partindo desse pressuposto, podemos afirmar, categoricamente, que todas as pessoas podem, potencialmente, fazer frente às regras e às convenções do grupo social no qual estão inseridas. Ou como afirma Mead,

> [...] uma pessoa pode chegar ao ponto de ir contra todo o mundo que a rodeia; ela pode levantar-se sozinha contra o mundo. Porém, para fazer isso, ela deve falar com a voz da razão para si mesma. Tem que abranger as vozes do passado e do futuro. Essa é a única forma na qual a pessoa pode ter uma voz que seja maior que a voz da comunidade. Geralmente, supomos que essa voz geral da comunidade é idêntica à comunidade mais ampla do passado e do futuro; supomos que um costume organizado representa o que denominamos moralidade (Mead, 1992, p. 168).

Em sua busca por melhorar a ordem das coisas, na qual as normas da comunidade sejam melhores e mais adequadas, a pessoa deve incorporar, em seus argumentos, o passado e o futuro dessa comunidade. Todos os indivíduos sociais têm o dever de auxiliar a comunidade em seu progresso no tocante às leis, regras e costumes. É possível, mediante a reflexão e o discurso, fazer a comunidade mais ampla descobrir o melhor caminho ou outros caminhos possíveis.

> A sociedade não aparece assim como uma instância essencialmente constritiva ou compulsiva, posto que consiste na matriz na qual se incuba o projeto de desenvolvimento subjetivo, de tal modo que a plenitude possível para a sociedade integraria a plenitude do desenvolvimento dos sujeitos que a compõem e, por sua vez, se baseariam nesta (Sánchez De La Yncera, 1994, p. 369).

Percebemos, desse modo, que o *self* não é somente uma derivação do processo social. É, também, segundo Cook (1993, p. 134), "um agente de reconstrução e um recurso potencial da reforma inteligente do próprio processo social". O ser humano carrega a capacidade de reconstrução do meio social, pois na medida em que vive o processo de socialização individuadora, se converte num *self* e passa a participar ativa e conscientemente da construção de uma sociedade renovada.

Participação democrática, cooperação e emergência do novo

Na teoria de Mead, é possível perceber que a sociedade não se constitui pela simples soma dos diversos indivíduos. Ela consiste no conjunto das ações de seus membros, ações intencionadas e organicamente estruturadas. Para Mead (2002, p. 174), uma sociedade surge "na medida em que o indivíduo atua não somente em sua própria perspectiva, mas também na perspectiva dos outros, especialmente na perspectiva comum de um grupo". Nesse sentido, podem ser compreendidas como sociedades, em sentido estrito, apenas aquelas que se organizarem sob o pressuposto da democracia, que denota e se traduz num conjunto de procedimentos racionais de concertação comunicativa e de gestão participativa dos assuntos comuns do grupo social.

A qualidade da participação democrática é que distingue o nível de integração da identidade e o grau de socialização de cada sujeito. Ou seja, o ser humano realiza-se na medida de sua participação comum e de sua cooperação no todo social. Quanto mais implicado na sociedade, mais se sociabiliza, mais se individualiza e mais adquire um *self*, uma consciência de si como um "si mesmo".

Mead denomina o processo de introdução de uma novidade, na sociedade, com a expressão "emergência". A emergência implica a introdução de uma modificação, o ingresso em cena de algo que antes não existia. Trata-se da introdução de um novo "objeto" que entrará em relação com o antigo. Essa novidade traz consigo a necessidade de um reajustamento,[22] com a consequente reorganização da comunidade.

A introdução da novidade ocorre graças à reação dos indivíduos enquanto "eus" frente aos problemas concretos da vida do grupo ao qual pertencem. Ao

---

[22] No texto "The social nature of the present" (MEAD, 2002, p. 77), Mead utiliza o termo "reajustamento" para indicar o processo de emergência de uma nova ordem no seio comunitário, o que é deflagrado pela introdução de um novo elemento ou objeto que implicará uma modificação do sistema estabelecido.

introduzir uma novidade no seio social, cada ser humano pode contribuir para a evolução do grupo no qual vive. Ao afetar o grupo em que vive, estará afetando também a si. Isso se torna possível à medida que o indivíduo biológico cumpre o processo de individuação social desenvolvendo um *self*. Mediante a internalização do processo social, adquire a capacidade de pensar reflexivamente, de dirigir as próprias ações em consonância com o todo social, mas também de transcender as delimitações práticas do "outro generalizado", assumidas pelo *self* enquanto um "mim".

Com o postulado da centralidade do presente e da necessidade de emergência do novo para a evolução da sociedade, vemos emergir na obra de Mead uma concepção de tempo e de história diferente das concepções da Modernidade, que normalmente estavam centradas somente em processos de racionalização enquanto elementos catalizadores do desenvolvimento dos sujeitos e das sociedades. O que encontramos em Mead é uma perspectiva histórico-evolutiva que se centra na emergência imprescindível do novo e, a partir deste, articula ontogenia e filogenia, participação e ideal democrático, cooperação e comunicação, formação do *self* e evolução social.

A emergência do novo tem seu lócus temporal delimitado pelo presente. O presente contém, para Mead, a possibilidade da evolução e da novidade. Ele é condição para a emergência do novo. A historicidade e a contingência da vida humana ancoram-se no presente, aquilo que há de mais real na vida, uma vez que o futuro é desconhecido e o passado está constantemente aberto às novas interpretações. Assim, o presente é o lócus da realidade, uma vez que modificar o presente, inserindo algo novo, denota, necessariamente, configurar um novo futuro e, ao mesmo tempo, reestruturar a imagem que tenho do passado. Ou seja, a cada novidade que o sujeito ou a sociedade introduzem no mundo, um novo futuro e um novo passado são gestados.

A chave para entender a evolução e a transformação social está na ação criativa do "eu", que introduz a novidade no marco social pré-estabelecido. Somente ao se transformar num si mesmo, dotado de mente, de capacidade reflexiva e de consciência de si, o indivíduo será capaz de atuar de modo qualitativo em prol da sociedade em que vive, transformando-a. Isso leva Charles Morris a afirmar que

> [...] a sociedade providenciou uma técnica para sua própria transformação. Racionalmente, não pode ser outra coisa que entregar a cada um de seus membros, por intermédio do "mim", o marco social dentro do qual se efetuará a conduta, e a tornar cada um responsável dos valores sociais afetados por tal ação. Sob a pena da estagnação, a sociedade não pode senão mostrar-se agradecida pelas mudanças que o ato moral do "eu" criador introduz no cenário social (Morris, 1992, p. xxvi).

O que se pressupõe de um indivíduo com níveis superiores de integração e de desenvolvimento pessoal é que possua uma conduta racional, "um tipo de conduta autorreferida e organizada em conexão com a atitude comum da comunidade global à qual pertence o sujeito" (Sánchez De La Yncera, 1994, p. 302), ou se preferirmos, níveis mais generalizados de atividade cooperativa, na forma de participação e de envolvimento com os assuntos da comunidade. Trata-se, fundamentalmente, da capacidade de agir de modo ético e, ao mesmo tempo, de ter como horizonte o ideal democrático da vida em comum. Nesse modo de ação, "os pré-requisitos básicos são a reciprocidade e a reação" (Oelkers, 2008, p. 55), ou seja, uma modalidade de agir que esteja em consonância e alinhada ao grupo social, mas que também auxilie esse mesmo grupo, mediante reação e interação, a encontrar soluções mais adequadas aos problemas que se apresentam. Portanto, estarão mais aptos a agir moralmente, com fins universais, e a participar ativamente na construção de uma sociedade melhor, os sujeitos que vivenciaram um processo de individuação social e atingiram um maior grau de desenvolvimento qualitativo do *self*.

Como temos visto, o diálogo, na forma de discurso prático-político, consiste na principal modalidade de participação democrática, através do qual será possível confrontar as perspectivas existentes e ao mesmo tempo expressar, avaliar e redefinir a vontade comum do grupo. Participar ativamente da construção e reconstrução do tecido social, mediante a articulação das perspectivas pessoais e coletivas, converge para formas de ações que se enquadram no campo da ética. Ou seja, é no âmbito da ética que Mead entende residir a possiblidade de renovação e de inovação social. Além disso, é no campo da interação comunicativa, do diálogo e da participação que a relação entre responsabilidade e inovação efetiva-se no mundo prático, colaborando para a construção e a reconstrução de formas democráticas de existência.

Referências

BIESTA, Gert J. J. Mead, Intersubjectivity, and Education: The Early Writings. Studies in Philosophy and Education. *Studies in Philosophy and Education*, v. 17, n. 2-3, p. 73-99, jun. 1998. Disponível em: <http://link.springer.com/article/10.1023%-2FA%3A1005029131211>. Acesso em: 8 maio 2010.

BIESTA, Gert J. J.; BURBULES, Nicholas C. *Pragmatism and Educational Research*. Lanham: Rowman & Littlefield, 2003.

BIESTA, Gert J. J.; TRÖHLER, Daniel. George Herbert Mead and the Development of a Social Conception of Education. In: MEAD, George Herbert. *The Philosophy of Education*. Boulder: Paradigm, 2008. p. 1-16.

BLUMER, Herbert. *George Herbert Mead and Human Conduct*. Walnut Creek: Altamira, 2003.

BLUMER, Herbert. *Symbolic Interactionism: Perspective and Method*. Berkeley: University of California Press, 1969.

BREDO, Eric. Mead's Philosophy of Education: An Essay Review of the Philosophy of Education. *Curriculum Inquiry*, Toronto, v. 40, n. 2, p. 317-333, 2010. Disponível em: <http://onlinelibrary.wiley.com/doi/10.1111/j.1467-873X.2010.00484.x/pdf>. Acesso em: 14 abr. 2011.

COOK, Gary A. *George Herbert Mead: The Making of a Social Pragmatist*. Urbana: University of Illinois Press, 1993.

DALBOSCO, Cláudio Almir. *Pragmatismo, teoria crítica e educação: ação pedagógica como mediação de significados*. Campinas: Autores Associados, 2010.

DEEGAN, Mary Jo. Play from the Perspective of George Herbert Mead. In: MEAD, George Herbert. *Play, School, and Society*. New York: Peter Lang, 2006. p. xix-cxii.

DEWEY, John. Prefatory Remarks. In: MEAD, George Herbert. *The Philosophy of the Present*. Amherst: Prometheus, 2002. p. 31-34.

HABERMAS, Jürgen. *Fundamentação linguística da sociologia*. Lisboa: Edições 70, 2010. (Obras Escolhidas, 1).

HABERMAS, Jürgen. *Teoria do agir comunicativo*. São Paulo: WMF Martins Fontes, 2012a. v. 1: Racionalidade da ação e racionalização social.

HABERMAS, Jürgen. *Teoria do agir comunicativo*. São Paulo: WMF Martins Fontes, 2012b. v. 2: Sobre a crítica da razão funcionalista.

HONNETH, Axel. *Crítica del agravio moral: patologías de la sociedad contemporánea*. Buenos Aires: Fondo de Cultura Económica; Universidad Autónoma Metropolitana, 2009.

HONNETH, Axel. *Luta por reconhecimento: a gramática moral dos conflitos sociais*. São Paulo: Editora 34, 2003.

JOAS, Hans. *El pragmatismo y la teoría de la sociedad*. Madrid: Centro de Investigaciones Sociológicas, 1998.

JOAS, Hans. *G. H. Mead: A Contemporary Re-Examination of His Thought*. Cambridge (MA): The MIT Press, 1997.

KAMINSKY, Gregorio. Estudio preliminar. In: MEAD, George Herbert. *Escritos políticos y filosóficos*. Buenos Aires: Fondo de Cultura Económica, 2009. p. 9-33.

MARTIN, Jack. Educating Communal Agents: Building on the Perspectivism of G. H. Mead. *Educational Theory*, v. 57, n. 4, p. 435-452, nov. 2007. Disponível em: <http://onlinelibrary.wiley.com/doi/10.1111/j.1741-5446.2007.00267.x/full>. Acesso em: 25 jun. 2012.

MEAD, George Herbert. *Escritos políticos y filosóficos*. Buenos Aires: Fondo de Cultura Económica, 2009.

MEAD, George Herbert. *Espíritu, persona y sociedad: desde el punto de vista del conductismo social*. Barcelona: Paidós, 1973.

MEAD, George Herbert. *La filosofía del presente*. Madrid: Centro de Investigaciones Sociológicas, 2008.

MEAD, George Herbert. *Mind, Self, and Society: From the Standpoint of a Social Behaviorist.* Chicago: The University of Chicago Press, 1992.

MEAD, George Herbert. *Movements of Thought in the Nineteenth Century.* Chicago: The University of Chicago Press, 1936.

MEAD, George Herbert. *On Social Psychology.* Chicago: The University of Chicago Press, 1984.

MEAD, George Herbert. *Play, School, and Society.* New York: Peter Lang, 2006.

MEAD, George Herbert. *Selected Writings.* Chicago: The University of Chicago Press, 1981.

MEAD, George Herbert. *The Philosophy of Education.* Boulder: Paradigm, 2008.

MEAD, George Herbert. *The Philosophy of the Present.* Amherst: Prometheus, 2002.

MORRIS, Charles. George H. Mead as Social Psychologist and Social Philosopher. In: MEAD, George Herbert. *Mind, Self, and Society: From the Standpoint of a Social Behaviorist.* Chicago: The University of Chicago Press, 1992. p. ix-xxxv.

OELKERS, Jürgen. Some Historical Notes on George Herbert Mead's Theory of Education. In: TAYLOR, Michael; SCHREIER, Helmut; GHIRALDELLI JR., Paulo (Eds.). *Pragmatism, Education, and Children: International Philosophical Perspectives.* Amsterdam/New York: Rodopi, 2008. p. 43-71.

SÁNCHEZ DE LA YNCERA, Ignacio. Estudio introductorio: apostarse en presente (en la estela de G. H. Mead). Identidad y autotrascendencia en los ámbitos de interacción. In: MEAD, George Herbert. *La filosofía del presente.* Madrid: Centro de Investigaciones Sociológicas, 2008. p. 11-160.

SÁNCHEZ DE LA YNCERA, Ignacio. Interdependencia y comunicación. Notas para leer a G. H. Mead. *Reis – Revista Española de Investigaciones Sociológicas,* Madrid, n. 55, p. 133-164, jul.-sep. 1991.

SÁNCHEZ DE LA YNCERA, Ignacio. *La mirada reflexiva de G. H. Mead: sobre la socialidad y la comunicación.* 2. ed. Madrid: Centro de Investigaciones Sociológicas, 1994.

SASS, Odair. *Crítica da razão solitária: a psicologia social segundo George Herbert Mead.* Bragança Paulista: Ed. USF, 2004.

SILVA, Filipe Carreira da. *Em diálogo com os tempos modernos: o pensamento político e social de G. H. Mead.* Rio de Janeiro: Tempo Brasileiro, 2009.

SILVA, Filipe Carreira da. School and Democracy: A Reassessment of G. H. Mead's Educational Ideas. *Etica & Politica / Ethics & Politics*, n. XII, p. 181-194, 2010. Disponível em: <http://www2.units.it/etica/2010_1/SILVA.pdf>. Acesso em: 27 fev. 2012.

STRAUSS, Anselm. Introduction. In: MEAD, George Herbert. *On Social Psychology.* Chicago: The University of Chicago Press, 1984. p. vii-xxxi.

TUGENDHAT, Ernst. *Autoconciencia y autodeterminación: una interpretación lingüístico-analítica.* Madrid: Fondo de Cultura Económica, 1993.

Sites de interesse

Projeto Mead (Mead Project)

http://www.brocku.ca/MeadProject

Consiste no mais importante projeto de pesquisa e de difusão sobre a obra de G. H. Mead, bem como acerca do que atualmente está sendo produzido sobre o autor.

Na sequência, apresentamos alguns recursos presentes no Projeto Mead que podem ser de interesse para os pesquisadores e educadores brasileiros.

Inventário Mead (A Mead Project Reference Page)

http://www.brocku.ca/MeadProject/inventory5.html#sectC

Faz parte do Projeto Mead e tem como objetivo compilar e difundir os textos de G. H. Mead e de outros autores que têm suas produções relacionadas à obra de Mead. As entradas estão em ordem alfabética, por autor. Através desse *site* é possível acessar mais de cem artigos e textos originais de Mead, tanto aqueles publicados em vida quanto os artigos, fragmentos e notas de aulas não publicados e que constam nos denominados *Mead papers.*

Principais artigos e obras completas *online*

Mind, Self, and Society: From the Standpoint of a Social Behaviorist http://www.brocku.ca/MeadProject/Mead/pubs2/mindself/Mead_1934_toc.html

Movements of Thought in the Nineteenth Century
http://www.brocku.ca/MeadProject/Mead/pubs2/movement/Mead_1936_toc.html

The Genesis of the Self and Social Control
http://www.brocku.ca/MeadProject/Mead/pubs/Mead_1925.html

The Kindergarten and Play
http://www.brocku.ca/MeadProject/Mead/Unpublished/Meadu12.html

The Nature of Aesthetic Experience
http://www.brocku.ca/MeadProject/Mead/pubs2/papers/Mead_1926a.html

The Philosophy of the Act
http://www.brocku.ca/MeadProject/Mead/pubs2/philact/Mead_1938_toc.html

The Philosophy of the Present
http://www.brocku.ca/MeadProject/Mead/pubs2/philpres/Mead_1932_toc.html

The University and the School of Education
http://www.brocku.ca/MeadProject/Mead/Unpublished/Meadu05.html

Social Consciousness and the Consciousness of Meaning
http://www.brocku.ca/MeadProject/Mead/pubs/Mead_1910a.html

Outros sites

Revista Española de Investigaciones Sociológicas
http://reis.cis.es/REIS/html/index.html

Possui alguns textos de Mead traduzidos para o espanhol, bem como artigos de comentadores.

Enciclopédia de Filosofia da Universidade de Stanford (*The Stanford Encyclopedia of Philosophy* – Summer 2012 Edition)

http://plato.stanford.edu/entries/mead

Apresenta uma breve biografia e uma síntese dos principais conceitos presentes na obra de Mead (em inglês). Também apresenta entradas (acessos) para autores relacionados às diversas temáticas apresentadas.

Enciclopédia de Filosofia (*Internet Encyclopedia of Philosophy*)

http://www.iep.utm.edu/mead

Wikipédia

http://pt.wikipedia.org/wiki/George_Herbert_Mead

Possui algumas entradas para textos e artigos traduzidos para o espanhol e para o português.

Este livro foi composto com tipografia Bembo e impresso
em papel Off Set 75 g/m² na Formato Artes Gráficas.